一般社団法人 情報通信医学研究所 編

長野宏宣・中川晋一
蒲池孝一・櫻田武嗣
坂口正芳・八尾武憲
衣笠愛子・穴山朝子 編著

IT技術者の長寿と健康のために

近代科学社

◆ 読者の皆さまへ ◆

平素より，小社の出版物をご愛読くださいまして，まことに有り難うございます．

㈱近代科学社は 1959 年の創立以来，微力ながら出版の立場から科学・工学の発展に寄与すべく尽力してきております．それも，ひとえに皆さまの温かいご支援があってのものと存じ，ここに衷心より御礼申し上げます．

なお，小社では，全出版物に対して HCD（人間中心設計）のコンセプトに基づき，そのユーザビリティを追求しております．本書を通じまして何かお気づきの事柄がございましたら，ぜひ以下の「お問合せ先」までご一報くださいますよう，お願いいたします．

　　お問合せ先：reader@kindaikagaku.co.jp

なお，本書の制作には，以下が各プロセスに関与いたしました：

- 企画：小山 透
- 編集：高山哲司，安原悦子
- 組版：安原悦子＋大日本法令印刷 (LaTeX)
- 印刷：大日本法令印刷
- 製本：大日本法令印刷 (PUR)
- 資材管理：大日本法令印刷
- カバー・表紙デザイン：川崎デザイン
- 広報宣伝・営業：冨髙琢磨，山口幸治，西村知也

※本書に記載されている会社名・製品名等は，一般に各社の登録商標または商標です．
※本文中の ©,®,™ 等の表示は省略しています．

- 本書の複製権・翻訳権・譲渡権は株式会社近代科学社が保有します。
- JCOPY 〈(社)出版者著作権管理機構 委託出版物〉
  本書の無断複写は著作権法上での例外を除き禁じられています。
  複写される場合は、そのつど事前に(社)出版者著作権管理機構
  （電話 03-3513-6969，FAX 03-3513-6979，e-mail: info@jcopy.or.jp）の
  許諾を得てください。

我らが同志

松本　元　　　（2003 年）
松方　純　　　（2007 年）
広野　和夫　　（2007 年）
萩野　純一郎　（2007 年）
平原　正樹　　（2008 年）
楯岡　孝道　　（2008 年）
石田　晴久　　（2009 年）
田中　穂積　　（2009 年）
白木　善尚　　（2014 年）
山口　英　　　（2016 年）

に思いを寄せて.

情報通信医学研究所
近代科学社

はじめに

　1970 年代から本格的に始まったコンピュータシステムの経済活動への利用は，社会の生産性向上の基盤となって，日本経済を活性化させ，世界の中の日本を確固たる地位にのし上げた．

　このような商用コンピュータ導入の歴史はたかだか半世紀を過ぎたばかりだが，その間のハードウェア，ソフトウェアの劇的な進化と，これらを接続するネットワークの大容量高速化には当時を知るものとして驚嘆するほかない．

　さらに，そこで扱うコンテンツは英数字から漢字処理，静止画，音声，動画と飛躍的な進歩を見せている．しかも初期にはビルの一画を占める規模だったコンピュータの性能が，今，個人が持ち運ぶ携帯端末より劣っていたのであるからすさまじい．

　これらネットワークと渾然一体となったシステムは，すべて人の手によるソフトウェア開発という地道な仕事によって実現されてきた．

　日本で先行した銀行システム，官庁システムなどが大規模開発プロジェクトとして同時並行に進み，現在の網の目のようなネットワークとコンピュータに囲まれる仕組みは出来上がった．これらのプロジェクトは，かつてプログラマと言われた専門技術者の集団で構成された．大規模システムの開発管理については，初期から組織，開発管理の在り方，システムの正当性の証明などの難問を現場で試行錯誤しながら解決してきた感がある．

　そして，その構成員である技術者の健康問題は，今も変わらず極めて重要な課題の一つである．プロジェクトの現場では過労，精神的疲労，環境による肉体的影響などが常に生じて，以前は先進的で夢ある職業と捉えられていたのが，今では 3 K，5 K などと避けら

れる職業になりかけているのは情けない.

本書ではコンピュータシステムを作り上げるプロジェクトの構成員が, 自分の役割をきちんと果たし, 健康で楽しい仕事人生を築き上げるにはどうすべきか, あるいはこの職業にはどのような危険が待っているか, それに立ち向かうには何を大事にしていけばよいかを考える材料を提起する.

学生時代のシステム作りと商用のシステム作りの大きな違いは, 不特定多数の利用者に使われる点にあるといっても過言ではない. プロジェクト管理の必要性を提起した古典の一つ『人月の神話』[1]では, 個人で使う, 仲間で使う, 一般に利用してもらう, という三段階でそのシステムの開発工数が 1:3:9 になると説いている. つまり, 常に人海戦術的な場面が発生するのが大規模システム開発プロジェクトであり, そこにはさまざまな技術者生活の落とし穴が待ち受けている.

初期の大規模システムでも, 技術者の過労による脱落, 下手をするとプロジェクトや勤務から脱落する例が見受けられた. 責任感の強い中間管理層によく見られたが, こういったことは睡眠時間を削る, 休日も仕事をするという典型的な無理が引き起こしてきたと言えよう. そして五十数年たった今も現場では同じことが起きている.

そのような無理を避ける開発プロジェクト, システム検証の在り方などの改善提案も含め, 本書では技術者が自分の仕事を健全に達成するためにどうあるべきか, その多様な現場の課題を示し, あるべき姿を提言していきたい.

問題の根は深い. プロジェクトを構成する発注者と受注者との関係, その受注者を構成する企業群と開発責任, 権限など微妙な問題をはらむ. そのような環境の中に技術者個人がどのような立場で参画し, 何をするのか, 多種多様であろう. その時, この本で知りえ

---

[1] フレデリック・P・ブルックス Jr. 著, 滝沢 徹, 牧野 祐子, 富澤 昇 訳, 『人月の神話』(新装版), 丸善出版, 2014.

た現場の実情は，自らを助けるための示唆に富むものであると確信する．

　本書の著者は多様な人々からなるが，いずれも開発現場を知る者たちであり，まさに壊れかけている現場の技術者を救う医師や，開発プロジェクトの技術者，またかつて現場を経験し，今や指導的立場にいる者である．

　特に第2章では，医師本人の体験談をも交え，IT技術者に限らず一般の労働者にも起こりうる，不健康な仕事生活からくる病気を医学的に解説し，そうならないための，またそうなってしまった時の具体的な生活の在り方まで述べる．

　筆者自身も1970年から数年，初期の銀行システム開発プロジェクトに参画した．新入社員であったが，学生時代にアセンブラを書いた経験を生かして，システム中核の一部を担当した．その時，肝に銘じたのが新人訓練の初期に企業トップクラスの方からいただいた新人への注意であった．それは「健康を守るのは自分だけである．見ていると社員には死ぬまで働くタイプが時々いる．上司は仕事を進めることを優先して，やる気のある社員の健康を気遣うことはまれであり，自分で自分を守るしかない」ということであった．

　この本の狙いは，半世紀前の幹部の言葉を実例交えて解説し，健全なIT技術者生活への指針を示すことにある．さらにプロジェクトを進める発注組織と受注組織のとるべき管理体制への注意喚起ともなっているのである．

2016年5月

著者を代表して　長野宏宣

目　次

はじめに ……………………………………………………………………… v

第 1 章　IT 企業における産業医学 …………………………… 1

1.1　はじめに ……………………………………………………… 1

1.2　実際の IT 企業の業務内容 ………………………………… 8

1.3　IT 企業における産業医学臨床の実際 ………………… 18

1.4　まとめ ………………………………………………………… 24

第 2 章　IT 技術者と健康 …………………………………………… 27

2.1　IT 技術者の健康リスク …………………………………… 27

2.2　IT 技術者のサバイバルのために ……………………… 44

2.3　代謝性疾患 …………………………………………………… 61

2.4　心血管系疾患 ………………………………………………… 81

2.5　メンタル・ヘルス ………………………………………… 94

2.6　がんと闘う …………………………………………………… 120

コラム　情報処理学的観点から見た "がん" ………………… 131

第 3 章　わが国の IT 産業の実態 …………………………… 133

3.1　ホワイト or ブラック …………………………………… 133

3.2　統計にみる IT 産業 ………………………………………… 134

3.3　ストレスを感じる割合と余暇 ………………………… 137

3.4　IT 技術者は本当に休めているのか？ ……………… 139

3.5　労災にみる IT 業界 ………………………………………… 140

3.6　職場での対策はどこまで行われているのか？ …… 142

3.7　統計から浮かび上がる IT 技術者の群像 …………… 145

第4章　IT 産業の技術者を大切にする
　　　——適切な開示制度を …………………………… 147

　4.1　技術者の健康　………………………………………… 147

　4.2　従業員の健康と企業の価値　………………………… 152

　4.3　IT 産業の価値源泉　…………………………………… 160

　4.4　経営者責任　…………………………………………… 165

　4.5　望まれる開示　………………………………………… 168

　4.6　《補遺》予想される批判に対して　………………… 175

コラム　萩野純一郎君について　………………………… 179

第5章　IT 企業の未来について　…………………………… 181

　5.1　わが国の IT 産業の弱点と今後の在り方　………… 181

　5.2　期待されるビジネスモデルと展望　………………… 183

　5.3　クラウド化による IT 産業構造の変化に向けて　………… 190

　5.4　大企業は滅びるのか？　……………………………… 196

　5.5　健全な経営は健康な体質と健全な環境がはぐくむ　………… 202

おわりに　…………………………………………………… 205

本書成立の経緯　…………………………………………… 207

執筆者略歴　………………………………………………… 209

第 1 章

IT企業における産業医学

 ## 1.1 はじめに

　1994年，京都で開催された IEEE COMSOC Multimedia'94[1]に論文が採択され，初めて"この世界"での議論を経験した私は，医学系の学会に比べて本当にフェアで楽しいと感じた．医学の知識と我流のインターネット技術と工学の知識しかなくとも，理論解析の部分まで理解できる発表が多かった．このとき以来，私は情報通信工学をライフワークにすると決めた．この分野の技術を学び，研究することは何よりも楽しく，聴診器を置くことにためらいはなかった．

　その後，異色の情報通信工学研究者として約20年過ごした後に引退する時，お世話になった分野の技術者の役に立つ医師としての仕事に就きたいと願い，とあるIT企業の産業医となった．研究生活の一つの結果として，医学と情報工学両分野で博士号を取得した学識有する医師として，技術者の健康問題を，これまでの産業医とは別の切り口で解決することができるのではないかと思ったからである．

　早速，実際の情報処理現場で働く技術者たちと面談した．彼らの大半は，私がそれまでに接してきたWIDEプロジェクト[2]，Inter-

---

[1] Nakagawa Shin-ichi, Kimura M., Itokawa Y., Kasahara Y., Sato T., Kimura I., Development of a network model for the total health care management on multi vender environment., *The 5th IEEE Multimedia'94 Proceedings*, pp. 5-1-1 – 5-1-6, 1994（世界電気通信学会コミュニケーションソサエティマルチメディア国際学会）

[2] わが国のインターネット黎明期を作ったとされる研究集団．村井純慶應義塾大学教授らが創設．現在でもわが国のインターネットオペレーションに関しさまざまな分野で貢献している．

net Relay Chat[3]や情報処理学会[4]をはじめとするさまざまな情報処理やネットワークの技術者と同じにおいのする人たちだと感じた.

しかし，長時間の残業の疲労状態をチェックするため健診で話を聞いてみると，残業の原因となっている問題は，解決困難な技術的課題ばかりではなかった.「容易に解決できるのではないか」と感じるものも少なくなかった.優秀な技術者たちが，なぜ1か月何十時間もの残業をしなければならないのだろうかと違和感を覚えた.

さらに聞いていくと，原因は技術力というよりむしろ運営の問題だと感じた.例えば，仕様がはっきりせず見切り発車で開発が始まり，後から「違う」と言われたりするようなこともあるらしい.納期は動かない.間に合わせるためには突貫工事でやるしかない.彼らの頭脳は繊細だ.ナイフのようなものである.紙は切れても木は切れない.情報処理が専門の会社で，なぜこんなことが起こるのだろうか? これでは，どんなに丈夫で体力のある技術者でも壊れてしまう.

産業医は技術課題を解決するわけにはいかない.しかし彼らの病状改善のために，例えば，長時間残業の原因が技術的課題より運営の問題であることを「鑑別」し，社側にプロジェクトの運営方針の変更必要性を説くのも「情報薬」ではないかと考えた.

長欠[5]→復職→過重労働→病状悪化→長欠という連鎖を断ち切ることができれば，復職した彼らに本来の能力を発揮してもらえると思った.社員数約2500人を担当した私が，就任2年目にこの積極策を採って提出した「労働衛生措置意見書」は2396枚（にいさん苦労）に及んだ."良薬口に苦し"である.

なお，これから紹介する本文中での記述は，私自身の病気の経験談を除きすべて架空である.しかし，富士通，日立，NEC，SONY，

---

[3] 初期のリアルタイム型のチャットシステム. 1990年代から2000年代にかけて広く用いられた.

[4] わが国の情報処理技術者を結集する学会の一つ. 会員数約2万. 他に電子情報通信学会，電気学会などがある.

[5] 病気で1か月以上療養するために欠勤すること.

東芝，Cisco，KDDI，NTT，WIDE プロジェクトなど，多くの技術者とさまざまな技術的検討や開発を行ってきた経験から言えば，どの会社や研究機関でも生じうる組織の病状を改善するための可能性を記述したつもりである．

今回，「IT 技術者の」と指定するのは，この分野の業務が軽労作（軽い作業）であり，業務環境も安定したオフィスで，基本的に危険性の少ない業種であると思われがちだからである．労働衛生の分野ではそれほど重要視されてこなかったというこうした経緯に対して警鐘を鳴らすことを，ここでは目的とする．

1.1.1　IT 技術者の健康問題の特徴

すでに多くの書籍で取り上げられているように，IT 企業（情報処理，情報通信の各企業）では，過重な頭脳労働により社員のストレスが大きく，肥満，過食，睡眠不足を生じ，生活習慣病をはじめメンタル疾患などを生じるリスクが存在する．

優秀でマジメな社員たちは完璧主義であり，客先要望を 100% 満たそうとするあまり長時間労働となり過労となる．疲労蓄積から，生活習慣病，メンタル疾患や脳血管障害を呈することも少なくない．産業医は "あなたの健康を守るためのリミット" を提案し，健康状態悪化を予防するための合理的な提案を行う必要がある．クレバーな彼らは，科学的根拠と合理性を理解し生活習慣を改善できる．問題は非合理的な長時間にわたる拘束を，工程管理でどう抑制するかである．

マジメで優秀な彼らに，業務状態を良い方向に導くための合理的な示唆を行い，彼らが納得して実践（行動変容）すれば，彼らは壊れず元気に働けるのではないか．

例えば，「お昼のラーメンを素うどんと大根おろしに替え，夜はご飯，お刺身，吸い物を基本パターンとし，体重計に毎日乗って，モニタリングしていく」というようなプログラムを彼らの頭にインプリ（インプリメント：実装）できれば，そのままだと糖尿病，高

脂血症，心筋梗塞にまっしぐらという生活習慣を変更することは不可能ではない．

　長時間勤務は睡眠時間を奪うだけでなく，「コンビニ弁当の常用」による深夜の食事（帰途に最後のコンビニ弁当を買い，帰宅後の23時から0時の間に食べるなど）から深夜の高カロリー摂取を生む．これにより，耐糖能異常，脂質代謝異常などの代謝性疾患を発症することが少なくなく，椅子と一体型のパッと見てそれとわかる体型に変わっていく．

　これら生活習慣は，以下に挙げる，①睡眠不足からメンタルリスクの増悪，②不規則な食生活による代謝性疾患の発症，③代謝性疾患等の結果としての動脈硬化の進行による心臓・脳血管疾患の発症，という経過で生命の危険を生じることが少なくない．次に各病状の進行と要点を述べよう．

① 睡眠障害や抑うつ傾向などメンタルリスクの増悪

　慢性の睡眠不足（22時半から23時に退社，0時帰宅，午前1，2時ごろの就寝，6時半起床，8時半出社で4時間から4時間半の睡眠，通勤時間1時間半というパターン）から睡眠障害を発症することが少なくない．この障害は入眠困難，中途覚醒，早朝覚醒などから始まることが多い．また，一日の疲労が十分に取り切れないため，覚醒し出社しようとしても「出る元気が出ない」などの症状や，週末ずっと家で寝ているなどの状態も始まる．月曜日に遅刻，午前半休から始まり，勤怠不良となり人事面談になる場合も少なくない．

　上司の命令で産業医面談に来た時にはすでに睡眠障害の症状が固定化していて，精神神経科などでの治療が必要と判断され，現場として「勤怠が安定しないため，仕事を頼めない」と，より会社に来にくくなるという状況に陥っていることも少なくない．このような場合，主治医の判断により休職となる場合もある．

② 不規則な食生活，暴飲暴食による代謝性疾患の増悪

　男女とも一人暮らしの方の多いIT技術者の食生活は，トレンディドラマ（少し古い言い方だが）ならば，以下のようなものだろう．

IT技術者の理想と現実

　ITはかっこいい．ラップトップをスタバで開き，携帯電話で英語をしゃべる，自宅はもちろん都内のワンルームマンション，乗ってる車はホンダの箱型じゃなくてアルファロメオ．

　17時に終業，17時30分に着替え，17時40分には退社．18時か19時にヒルズのオシャレなイタ飯屋に集合，カウンターバーで一杯やって23時ごろにオートロックのマンションに帰宅，シャワーを浴びて彼（または彼女）に電話し，「おやすみ～」と1時前には就寝．目覚まし時計で目覚め，パンとコーヒーで朝食，出社．お昼はオシャレなビュッフェ形式の社食で同僚とランチ…．

　こんな想像をしてこの業界に入ろうと決めた人たちもいるのではないだろうか…．

　こんな生活をしていたら，誰も病気にならない．

もちろん現実は…

　17時から始まるミーティングで部長から「いったいどうなってるの？」と突っ込まれ紛糾．「明日までに対策をまとめといてください」と課長から言われ残業決定．ミーティングは20時30分に終了．今日も終電に間に合うかと課題をやり始め，何とか終わるのが23時．ダッシュで23時30分の終電（バスの時間を考えるとこれが終電）に飛び乗る．何とか0時発のバスに間に合った．バス待ち行列の後ろに並ぶ．すし詰めバスに揺られること20分，自宅近くのコンビニへ．おっと危ない，最後のコンビニ弁当だ．選択の余地はない．午前1時に何とか帰宅．着替え，ビールを開けて

レンジでチンしたコンビニ弁当をぱくつく．シャワーを浴びて就寝するのが2時，就眠が2時半．明日も6時半起床だ．あっという間に朝，朝抜きで着替えて出かける．何とか定時出社できた．午前中は眠い．昼食は社食でラーメン…．

このように，朝抜き，昼社食で高カロリー，コンビニ弁当（一食分で1000 kcalを超えるリッチなものも少なくない）という繰り返し．デザートにアイスクリームを食べると+300 kcalである．真夜中に1300 kcal超の高カロリー摂取．これでは膵臓と肝臓が悲鳴を上げる．

栄養学的には，摂取する栄養素の種類が偏り，栄養素欠乏（必要なビタミンやミネラルが摂取できないために起こる病態）が起こる場合も考えられる．各種微量栄養素の欠乏により，欠乏実験の栄養素欠乏ラットと同じように「手当たり次第に食べることで不足している栄養素を探そうとする」こともあり，肥満の原因となる可能性もある．

酒席でから揚げ，チーズ，ワイン，締めラーメンで，夕食だけで合計2000 kcal！ 昼食は普通の定食でも600〜700 kcal，朝抜き，間食にアイス一個で240 kcal，合わせて3000 kcal！！ 今日も高カロリー摂取である．

このような勤務状態，生活習慣，食生活は，深夜の高カロリー食摂取につながり，高血糖となり睡眠の質を悪化させ，糖尿病，脂質代謝異常のリスクを高める．これを是正していくことは決して難しいことではない．彼らは単純に「食べすぎ」だからである．2.1節で述べるように，80 kgの体重を「維持」してしまっているのは，平均+2400 kcal/日のエネルギー摂取である．さらに10 kg増の90 kgの場合は，+2700 kcal/日のエネルギー量を摂取している（にすぎない）．しかし，これを改善できなければ，各種代謝性疾患発症へのリスクがぐんと高まる．

③ 代謝性疾患等による動脈硬化の進行

①，②で述べたような生活習慣によって，肥満，糖尿病，高脂血症などを発症する．これに飲酒，喫煙，慢性の睡眠不足（短時間睡眠）による慢性的な血圧上昇，さらに加齢が加わり，全身の動脈硬化が進行する．ひどいときには35歳以上で，拡張期血圧が高負荷時でない平時でも90 mmHg前後まで上昇，収縮期血圧も140 mmHgまで上昇してくる場合もある．

動脈硬化の進行により動脈系の血管を養う微小血管が閉塞，内膜側の細胞の栄養が十分でなくなり，内腔（血管の内側）にプラーク（石のようになり内壁にへばりついた石灰化巣）が生じる．これに，血中にある血小板[6]や巨大脂肪滴がへばりつき，血栓を生じる．引っかかってできた血栓が，より下流側の動脈に詰まると，心筋梗塞，肺梗塞，脳梗塞が起こる．

1.1.2 結果として陥りやすい疾患

以上のように，IT技術者は，長時間拘束，不規則な生活習慣，半ば必然的に偏った食生活，短い睡眠時間などから以下の疾患のリスクが高まることが心配される．

① メンタル疾患：抑うつ状態，睡眠障害
② 代謝性疾患：肥満，高脂血症，糖尿病，肝機能障害，痛風など
③ 心臓：狭心症，心筋梗塞
④ 脳血管障害：脳梗塞，脳内出血

これら疾患のうち，②，③，④の治療は，さまざまな薬剤の実用化とカテーテル手技[7]の長足の進歩によって，2.1節に述べるように，近年顕著に致死率が低下する傾向にある．治療介入[8]が適切に

---

6 止血をつかさどる血球の一種．血液の血球成分は白血球，赤血球，血小板からなる．
7 足の付け根の動脈（鼠径動脈）からカテーテルと呼ばれる細いホース状の管を心臓まで挿入していき直接冠動脈を拡張する等の心臓手術法の総称．
8 薬物などの医療技術を用いて積極的に治療を行うこと．

行われている結果である．

　しかし，生活習慣病に罹患している社員が運悪く業務時間中の急性発症から死亡となる場合，発症から3か月前にさかのぼって1か月100時間以上の残業が確認されると，ほぼ必ず労災が認められることになり，企業は管理責任を問われるといってよい．社側は高額の賠償を必要とする場合も少なくない．

　亡くなってから「上司からも客からも頼りにされる，優秀なSEだと重宝されていた．あんなにいい人が」ということを聞くこともある．体調が崩れていても受診もせず放置することも多いのである．なぜ止められなかったのか！と，思うことも少なくない．

　「徹夜はするな！ 睡眠不足はいい仕事の敵だ」（by ポルコ・ロッソ[9]）と産業医がいくら言っても「いいやつはみんな死んでいく」（by ポルコ・ロッソ）では救いがない．

1.2　実際のIT企業の業務内容

　では，なぜ徹夜しなければならないのだろうか．賢明な彼らが属する組織が，客先からの仕様変更を簡単に受け入れるわけではなかろう．何か病理があるはずである．私の聞きかじりの範囲内だが，実際の業務内容についてまとめ，産業医としてどのように向き合うかについて述べる．

　面談し接する中で見えてきたのは，彼らの業務が「純粋にコードを書く」ことよりも幅広い「ソフトウェア製品を製造する」という，企業としてのフレームワークを支えるためのさまざまな業務からなるということだった．その内容は，概ね以下のようなものである．

---

[9] スタジオジブリの映画「紅の豚」での主人公ポルコ・ロッソのせりふ．

① マシンを組み立てること（ハードウェア構築）
② 客の作業内容を聞き取り，ニーズに合わせたプログラム（システム）仕様をまとめあげること（上流工程）
③ 仕様を基にプログラム群を設計し構築すること（下流工程）
④ トラブルをまとめフィードバックすること
⑤ 納品したプログラムの稼働状態を見守り改良していくこと（メンテナンス）
⑥ 全体の工数，工程の進捗を管理しコスト管理すること（管理）
⑦ システム構築の判断をすること（管理）
⑧ システムの品質を守ること（品質）

　これら業務の大半は，コンピュータサイエンスというよりは，むしろ実務処理である．「事務処理」と言っていいかもしれない．また，彼らが構築を担当するシステムは，複雑なアルゴリズムを駆使して難解なプログラムを作成するというより，「CやJavaなどの機能言語を用いて仕様書動作を実現する」という"文系"的な側面が多い．人海戦術で必要なデータをあらかじめマスターテーブルに登録しておき，単純な検索アルゴリズムで選択させるシステムを作るというのも"構築"である．

　きつい言い方をすれば，エレガントである必要も新規性を持ったアルゴリズムである必要もあまりない．当世ITプロフェッショナルは，良いプログラムを作ることに越したことはないが，彼らに求められることは，むしろ以下のようなもののようである．

① 納期を守ること
② 客先の要求仕様を満たすこと
③ 無駄な工数を出さないこと
④ 担当者がプロジェクトで疲れ，休職することにならないこと
⑤ REMやマニュアルが丁寧でメンテナンスしやすいこと
⑥ 機種・環境依存性，属人性をできるだけ排除すること
⑦ 少しでも性能が良いこと
⑧ 品質が良いこと

これらが仕事だよと言ったら，大学の情報系の先生方は「そんなくだらないことのために大事な学生はやれない」と言うかもしれない．当初，IT最前線での研究経験のある私は，「これはソフトウェア工学ではなく事務作業ではないか」と誤解した．ITで稼ぐとは，このような"業務"まで含み，客とつきあっていくのも大切な仕事なのである．

さらに話を聞くと，過酷な状況も見えてきた．「24時間365日体制でシステム稼働を保証するように」という要件が出れば，夜勤シフトの社員を動員してコンソールに張り付かせ「昨夜は何も異常はありませんでした」と，ただ報告するという"仕事"もあるらしい．

トラブルが起きた時，組織されたスーパープログラマチームが収拾にあたるかといえば，客先要件をよく知るSEがデバッグのために長時間張り付き，プログラムを書き換えることで収拾する．それまで多数の社員は現場に詰めて「待つ」ことを要求されることも少なくないらしい．これでは何のために情報処理技術者になったのか？と思いたくなる．

このように，実社会での情報処理とは，客先ニーズを満足させるシステムをハードウェアとソフトウェアを使って構築し納品することだが，実際の情報処理産業の「中身」は，学会や研究会で議論されるようなエレガントなものではなく，まことに人間臭い．

1.2.1　ちょっとうがった見方ですが…

私（Dr.N）は，医師でありながら1990年代から情報処理学会やWIDEプロジェクトに参加し，さらに国立がんセンター研究所から少々道を踏み外して情報通信の研究に没頭，とうとう国立研究所（NICT）に移り，研究開発用ギガビットネットワーク（JGN）や国際テストベッド（APII）での活動を通じてIPv6の技術開発を推進した．"異色"の経歴を持つ私にとって，情報処理技術者は憧れの職業だった．

この業界（IT業界）で「食っている」人たちは，総じて「作り続け，書き続け，つなぎ続け，できなくなったら眠るように死ぬ」を実践するような理想のエンジニアたちだと思っていた．

NICT時代[10]，私は論文作成や実験などで24時間365日，自分のペースで研究生活を送っていた．そのころの経験から，コードを書き，データを解析することは，芸術家が作品を作るようにクリエイティブな作業であり，人生の楽しみだと思っていた．そのため，彼らの長時間残業は，マイペースでいい仕事をしようとして楽しんでいる時間であり，身体の疲労はあるかもしれないが，彼らにとって心地よい疲労感であって問題にはならないだろう，と思っていた．

だから，彼らの「お役所仕事・事務仕事」のことが，全くしっくりこなかったのである．

そんな彼らが「ものづくり」という言葉を使うのを聞いて，「コードも書かない，スイッチの設定もしないで人任せにするような彼らが何を作るのか？」と思った．「単なる事務職じゃないのか？」，「外注先ばかりに仕事をさせるのではなく，自分でコードを書いて指導するとか，マシンのセットアップやシステムのパフォーマンス低下の原因を，自分で解析し解決するのがエンジニアだろう．彼らはソフトウェアエンジニアとしてのオーラを出してない．この人たちはダメなんじゃなかろうか．真面目でよく働く本当にいい人たちだが」と思っていた．

1.2.2　新入社員たちの壁

新入社員が現場に配属され，初心者エンジニアとなった時，最初に遭遇する長時間のミーティングで話されるのは，客先要望という事務内容の確認であったり，データ打込みの効率化など，情報処理といっても事務処理の要件整理だったりする．彼らの中には「僕た

---

[10]　（独）情報通信研究機構の研究者であったころ．

ちはプログラミングのことはわかるんですが，ミーティングに出て
も何を話しておられるのかわからないし，上司からはメモの内容を
ダメ出しされるばかりで毎日つらくて…」と泣きながら健康管理室
に駆け込んでくる人もいる．

　彼らは，現場の情報処理とはどのようなことかをほとんど知らさ
れずに配属される．そのため，客先との長時間のミーティングのメ
モ取りから始まったり，お客さんが自分の上司を叱り飛ばす場に遭
遇したりと「…こ，こ，ここは，戦場…!?」を実感し，虚脱状態に
なったり逃避行動が出たりすることも少なくない．

　また，現場では情報工学修士を修了した人たちが，「あ，あかん！
そんなことしたらマシン壊れてしまう！」と注意されて挫折した
り，客先に仕様作りのためのメモ取りをやらされて，さっぱり何を
言われているのかわからず，大失敗となって上司から大目玉を食ら
うことも珍しくない．

　成長の過程で，彼らの作業効率は著しく悪く，面談にやってき
た時，「お願いだからシャワーじゃなくて，お風呂に入ってくださ
い！」と言いたくなるような風態と香りを醸し出す社員もいる．
「おい，君の勉強は残業じゃないよね？」と言いたくなること，し
ばしである．

　これは当り前である．情報処理工学の学生が大学で学ぶのは，プ
ログラミングやアルゴリズム，ネットワーク理論，待ち行列理論な
どの基礎学問であり，医学でいう基礎医学（解剖学，生理学，生化
学，薬理学，病理学などの基礎的な項目）である．大学などの教育
機関では，情報処理を学ぶ学生に実際の大規模システム構築を経験
させることはない．だから彼らは「場慣れしていない」のである．
基礎医学しか知らない，病院に一回も行ったことがない人が国家試
験にパスしたから最前線に出て行って患者を診なさいと言われてい
るのに近い．それでは危険だろう．

　ITの分野でも社会の重要インフラを扱うエンジニアたちなのだ
から，医学でいう内科，外科などの臨床医学，実際の医療現場での

病院実習，あるいは国家試験を課し，登録制の資格制度として拡充することが必要ではないだろうかとさえ感じる．

　余裕のあった時代の企業ならば，新人教育のカリキュラムとしてこの臨床医学に相当する部分を行い，現場に配属していくのだろうが，現在のIT企業ではこの部分の教育が十分になされているとは思えない「症例」を経験することが少なくない．

　長年ソフトウェア開発に携わってきた人たちは，「それは一見すると情報処理に見えないけど，よく見ると，よく考えると，ソフトウェアによって業務が効率化できてお客様に喜んでいただけたりと，情報処理技術の醍醐味を感じることもありますよ」という人もいる．いったい，新人のひよっこがこんなことを言えるようになるまで何年かかるんだろう…と思うこともある．

　気分障害で上司が健康管理室に連れてきた彼を，2か月に一度程度，産業医面談し，1か月に一度程度，カウンセラーにフォローアップをお願いして経過観察していくと，「こいつ，大丈夫か？」と思っていた人が，教育をバリバリ受けるわけでもなし，知識レベルが急に上がった感じもないのに，少しずつ頼もしくなっていく．ものの半年もたたない間に退院（フォロー終了）となる．現場で彼らは学ぶべきことを学んでいくのだと感じる．

1.2.3　技術レベルの底上げが必須？

　SEの場合，自分の技術力があった上で外注し，仕様どおりできてくるかを確かめるのが業務である．外注先から納品されたコードの品質が悪く，指示し直すなどで時間を取られる場合も少なくない．しかし，最も深刻なのは，本人にプログラムを作成する能力がない場合である．仕様策定から外注先に「丸投げ」していて，自分は管理だけをしている場合もある．はっきりしない仕様に下請けは困惑し，発注した彼は待ち時間が延びて残業していることもある．

　そのような仕事の実態となっているのは，会社の教育システムのせいで，新しいインターネット技術についての知識のアップデート

が行われていないばかりか，元々その知識に乏しい場合，苦手意識から「丸投げ」となって，彼自身がシステムに関しての問題を理解していないことが原因であることも多い．

　そこで最近，このような基本的な技術理解ができているかを鑑別するために，以下の問題を作成してみた．

ネットワーク技術基本問題

問1　次の端末ネットワーク設定におけるネットワークアドレスと，ブロードキャストアドレスを答えよ．

（1）192.168.0.1/24

（2）172.16.34.101/16

（3）10.40.1.10/8

問2　次の単語について簡単に説明せよ．また，IEEE 802.3（イーサネット）に直接関連するものに○，関連しないものに×をつけよ．

①デフォルトルート（　　），②CSMA/CD（　　），③Wi-Fi（　　），④L2 ネットワーク（　　），⑤Open Flow（　　），⑥MAC アドレス（　　），⑦ARP（　　），⑧CDMA（　　），⑨DNS（　　），⑩SDN（　　）

　これらは，インターネット技術に関する問題である．問1が解けない（知らない）人はいるかもしれないし，問2のSDNやOpen Flowを知らない人もいるかもしれない．しかし，これらに対して，「私の仕事ではない，知らないことは問題ない」という課長部長氏もいる．彼らは部下たちが提出したネットワーク図面や見積書を正しく読解し判断することができるのだろうか？

　1問目は自宅のLANであってもプライベートIPの設定を行った経験があれば理解しているはずの内容である．いうまでもなく，Class C，Class B，Class Aを指しており，通常，ネットワークを設計するときは，このサブネットの構造を念頭に入れてネットワーク図を作成する．

2問目はレイヤ2ネットワーク技術に関する問いであり，これらの語彙を理解しなければ，部下ができるだけ高価なルータと回線を減らすためにレイヤ2スイッチを駆使して物理網の構造を簡略化しようと提出した見積を「どうして以前のスタッカブルハブじゃだめなの？」と言って査定してしまい，部下の失笑を買うことになるかもしれない．

閑話休題．本来，システム構築を担当する技術者がこれらの問題に全く答えられないことは，彼ら自身の技術水準が規定のレベル以下であるという可能性を考慮しなければならない．この場合，それ以上彼が残業することは誰も幸せにしないことを銘記すべきである．放置すれば，彼の残業時間は延び，睡眠時間は削られ，結果は出ず，プロジェクトは停止する．

かくして頭の柔らかい，コードの書ける，新規技術をインターネットで調べることに長けた若い技術者たちは，「君しかできない」と上司から言われるままに長時間の残業を強いられ，疲労し疲れ果てて会社を辞めるのである．

■ 1.2.4 教育システム再構築の重要性

このままでは若い技術者がいなくなり，社員人口ピラミッドが逆ピラミッドになって支えがなくなり，会社は瓦解してしまう．どのようにすれば"再生"させることができるのだろうか．

本来，プロジェクトを立て直し，浮かび上がらせるのが中間管理職の役割だが，現実には中間管理職自らがプロジェクトに関与するいわゆるプレイングマネージャであり，分担業務を抱える当事者でもあるため，変化のある彼を指導する時間はなくなり置き去りにされることが多い．

同様に，システム運用を担当する人が著しい残業時間となっている場合，

「一月ほとんど休日を取得できないようなペースで仕事なさっておられるようですが，何かありましたか？」

「私が保守を担当しているマシンの調子が悪く，お客様からパフォーマンス低下が著しいので何とかしろと言われています」
といった具合である．この場合，考えなければならないのは，

① 不正アクセスやマルウェア感染によるパフォーマンス低下
② ハードウェア（HDD）の最後の断末魔
③ ソフトウェアの動作異常によるメモリ消費
④ 納入したソフトウェアのエラー
⑤ ユーザの誤操作
⑥ ネットワークトラブル

など，彼が切り分けなければならない問題は少なくない．問題の切り分けができれば，早期に解決できるかどうかは，上司が追加予算を認めるかどうか，客先が納期延長に応じてくれるかなど，技術以外の要素を考慮する必要がある．しかし，パフォーマンス低下と言われた時，上の①〜⑤はすべてのエンジニアが確かめる道筋であると思う．医学での心肺蘇生の ABC みたいなものである．

A: Airway ：気道確保
B: Breath ：呼吸
C: Circulation ：循環
 ＋
D: Defibrillation ：徐細動

これらの手順は決まった順番で行う．気道が確保されていないのに心臓マッサージを行っても，呼吸していない血液を循環させるだけで意味がない．同様に，SE がパフォーマンス低下を解析する時にまず除外する必要のある事象は，1 にも 2 にも不正アクセスであろう．しかし，これが最後まで心配しなければならない問題であるにもかかわらず判断が最も難しい．

実際の現場では，これらの緊急事態の対処方針が決められている場合はむしろ少なく，個人の技量に頼ることが多い．この場合の彼

は技量不足ともいえる.

1.2.5 すべては経験から

お察しのとおり.彼らは臨床経験がない研修医みたいなものだ.大学で画像処理しかやってこなかった人に,インターネット技術特有の知識を教育なしに求めることは不可能である.通常の企業の場合,入社後,配属予定の部署で必要な知識や経験は各社の「教育システム」により教育されることになっている.

しかし,例えば UNIX のシステム管理は,今も昔も本に書いていることを最初から最後まで暗記していても何の役にも立たない.目の前の現象を自ら「あれ? おかしくないか?」と思ってさまざまな資料を調べ,先輩に相談し,Google に聞き,有識者にメールし,「わかんなーい!」と大きい声をあげてインターネットに聞いた時,「これはこうだよー」と親切に答えてくれる人が"百科事典"であり,自分の経験が"教科書"である.

多くの IT 系の企業の社員が担当するシステム管理は,ハードウェアトラブルから不正アクセスまでが「最近,何か応答が遅いなぁ」と感じることから始まると言っても過言ではないだろう.いつも同じような定常業務をマシンが行っている時,「いつもと違う」応答や性能を示すこと,なぜそれが起こっているのかを探索し,ある時はハードウェアトラブル,ある時はユーザの誤操作を検出し改善のための「手」を打つのである.

シスアド,セキュリティアドミニストレータなどの資格は,これら知っていなければならない,知っていたほうがよい知識を系統的・網羅的に習得したことを証するものであって,知識を持っているだけで実際に事態を収拾できるかどうかとは異なるのである.

このように,実際の情報処理の現場の「理想と現実」はかなりかけ離れたものとなっている.もちろん,大会社の中央研究所などのトップ組織においては…と思いたいところだが,「寒い現実」を目の当りにしていることは否めない.

1.3 IT企業における産業医学臨床の実際

仕様変更，トラブル，クレーム，命令は容赦なくSEたちの業務を増やし，残業が増え，睡眠時間を奪っていく．物理的に睡眠時間を奪われる結果，彼らの疲労は蓄積し，抑うつ傾向は高まり，ストレス食いに走り，過食，過飲，肥満となり生活習慣病のリスクが高まる．この連鎖を断ち切るために何ができるのだろうか．

1.3.1 高時間残業

「高時間外健診」はすべての労働災害事故を防止するための重要な場である．企業の規則によるが，産業医面談に来るのは，ルールに則り，前月に基準を超える残業をした人である．一言に残業過多と言ってもさまざまである．月45時間（H）の残業が3か月以上連続となった，月100 H以上の残業をした，などである．産業医から見た場合，残業過多の原因は大まかに五つほどあると思う．

① 本人の能力が，命じられている業務内容を処理するのに十分ではない場合（本人に問題）
② 能力はあるが，上長から命じられる業務量が多すぎる場合（上長に問題）
③ 能力は十分で上長の命令にも問題はないが，現場がトラブル続きの場合（トラブル）
④ 能力は十分あるが，職場環境が悪く作業効率が著しく悪い場合（作業環境）
⑤ 症候としての非能率の場合[11]（本人の健康）

残業が過多になると，物理的に睡眠時間が削られる．疲労がたま

---

[11] すでに治療の必要な病状があり，その症状として作業能率が下がる場合．

り，休息によっても交感神経が十分に休息できていない状態となるため高血圧となり，睡眠障害，抑うつ傾向が出現する場合もある．これらに対して最も効果があるのは残業を制限し，早く帰宅させ，睡眠時間を確保させること，休日に出勤することのないように指導し，十分な休息時間を確保させることである．

上の①から⑤の場合のいずれであっても，結果的に残業時間が長く，帰宅時間が遅いために休息時間や睡眠時間が短くなっていることが問題である．社側の配慮として睡眠時間を確保させることが求められる．

そのため，産業医としては，身体症状（不眠，抑うつ，血圧上昇などの変化）が現れている場合と，常軌を逸した月 150 H の超高時間残業の場合，就業を制限する意見を出す．

例えば，1 か月間は残業の限度を 1 日 2 H，月 20〜30 H に制限し，早く帰宅し，睡眠時間を 6 時間以上確保するように指導する．

上司はこの場合，本人の仕事量を調整し（観察して），指定上限以内での残業で「こなせるかどうか」をよく見ることはもちろん，場合によっては手助けして，本人の労務負荷を軽減する必要がある．産業医の再面談時，これが十分でない場合，上長を指名して是正勧告を出す場合もある．

本来なら，部下の労務負荷を軽減する勧告を産業医が出したことを上司が「ワーニング」と感じ，リソースの再配分や部下の労務負荷の軽減のために具体的な方策を講じるべきであろう．そうすれば，部下の心配や労務負荷は軽減される．就業制限を解除できるかどうかの解除面談時には，休息も取れ，業務負荷も軽減され，元気そうな彼の状態を確かめることができるであろう．

■ 1.3.2 社員健康管理

定期健康診断などの客観データによって，明らかに健康状態に問題がある場合，社側は彼の健康状態に対し，業務内容を過重労働とならないように配慮する必要がある．

例えば，血圧値が収縮期 200 mmHg/拡張期 120 mmHg を超えるような場合である．このような高血圧がある場合，通常に出社し，社内の階段を 2 階分上がっただけで 300/130 mmHg 程度にまで上昇するだろう．健常人の収縮期血圧は 130 mmHg までである．普通の人の最高血圧が常に全身の血管にかかった状態となっており，少しの運動によっても容易に 300 mmHg を超えるような状態では脳血管障害を発症するのは時間の問題である．

このような場合，社側負担で行う定期健康診断の結果から社員の健康状態が「悪い」ことを産業医は知る．社側である上司がこの社員に対し，健常な社員と同様に長時間の残業などを命じ，高血圧との関連が医学的に知られている脳血管障害を彼が発症したとする．その場合，社は「彼が重篤な高血圧状態であることを知りながら長時間の残業を命令した結果，脳血管障害を彼に起こさせた」として責任を問われる．

また，社員個人には「健康回復義務」がある．採用の時に規定された"健康である"という要件を満たさない場合，すみやかに治療を行い，健康状態を回復する必要がある．投薬を受けるのは健康でないということではない．「健常な状態と同じ条件で勤務しても健康状態の悪化がない」ことが，この場合の"健康"である．

社員の健康状態が悪化し，業務を命じると労災事故（業務中に脳血管障害や心疾患を発症）の可能性があると判断される場合，産業医は社側に対し，この社員の業務は健常な社員と同様にさせてはならないと知らせる．1 か月の残業時間は 45 H を超えない範囲とさせる，休日出勤を原則禁止し休息を取らせるなどの制限を"就業区分"として提示する．最も悪い状態の時，社側に対してこの社員に業務を命じるべきでないとする「就業禁止」という意見を提出する場合もある．

しかし，彼らの中には極端な医者嫌いから治療が遅れる人（明らかな高血圧があっても受診を拒否する人）もいる．あるいは「社側がプライバシーを侵害し，人事などで足を引っ張られる」と短絡的

に思い込んでいる人も少なくない.

それでも，忙しい中で産業医面談を何度も予約変更し，やっと現れ，「大丈夫です．大丈夫です．その抑うつの状態や睡眠障害の症状は，受診した 6 月ごろの出荷がたまたま大変だったためです．今は大丈夫です」と言ったり，「はい，はい，わかりました」と言って帰る人のほか，「忙しいのに受診などできないし，受診する・しないは私の勝手だ」といった，さまざまな理由をつけて受診を拒否する人もいる．これでは健康回復義務違反である.

彼らにとって必要なのは「まず，薬を飲むなりして，最低限，数値上の健康を取り戻す」，あるいは心療内科などを受診し，睡眠障害を改善することである．拡張期血圧が 110 mmHg，収縮期血圧が 200 mmHg 以上などのリスクの高い状態で勤務させることは，社にとっても従業員にとっても良い状態ではない.

社員が健康回復義務を遵守し（治療を行い，定期健康診断をもとに決めた就業区分範囲での業務を守ることが彼にとっての健康回復義務である），社側が彼の就業区分範囲で適切な業務指示を与え，労務災害事故が起こらない状態を守っていくためのバランスをとるのが産業医の役割である.

1.3.3　産業医学の立場

産業医の介入は，正常な社側の運営が行われ，社員の健康状態が保持されている（必要な人は薬を飲み，業務に支障のない健康状態を維持している）場合は必要ない.

しかし，「トラブルで一時的にプロジェクトが過重労働となり，上長がリソース投入を判断せず，本来 10 人投入されなければ終わらない内容を 2，3 か月 3 名程度で行ったため，プロジェクト要員の半数以上が月 140 H の残業となった」ならば，これは単なるミスとなる.

産業医は彼らの状態を改善するために就業制限し，上長にリソースの最適化を要請する．このような例は日常茶飯事である.

文章に書いてみると重大なことのように見えるが，このような仕様の変更は，システムの完成度を高めていく中では"普通"のことである．これをリスク，リスクと大騒ぎするのは「百害あって一利なし」．健康な企業は，いい揺れ方をする中でうまくプロジェクトが進行する．

しかし，約5年の産業医経験の中で，大半のプロジェクトがうまく収束した一方，以下の"症候"を示すプロジェクトには特に注意が必要と考えるに至った．

① 3か月以上，高時間外健診を受け続ける社員数が減じない
② 面談した社員が高率に抑うつ傾向を示している
③ 上長が「残業を減らすように命令している」など

これらの場合，さまざまなプロジェクト運営のリスクが高まり，産業医の介入を必要としていると考えるべきである．産業医による「労働衛生措置意見書」は産業医が社側に提出するものであり，5年間保存される公文書である．産業医がこれを提出した場合，社側はこれを産業医の公式見解として受け，どのように対処するか「判断」する必要がある．経営上の理由により遵守できない場合は「経営判断」を必要とするほどの重要文書である．

産業医として，このように経営に直接影響する意見書を出すことは，自らの在職に対するリスク（次回契約時に断られることもある）となる．自らの地位と引き換えに，社側に社員保護のための意見を公式に提出することも，産業医にとって大きな業務である．

逆に産業医が自らの地位を危うくすることを躊躇し，社側に甘く判断した場合はどうなるか．社側が違法な高時間残業を社員に強いるなどを防止できずに，社側の過失による労務災害事故での損失（例えば，過重労働による社員不自然死で敗訴し，損害賠償を要求されるなど）の責任を問われる可能性もあり，社にとっても産業医にとっても合理的な結果とはならない．

産業医が社員に対して就業制限を行うことを，「労働権の侵害」

とする見解も存在する．本来，月45 Hを上限とする残業は労働者にとって予定可能な収入源であり，これをいたずらに禁止することは労働し賃金を得る権利を侵害するという見解もある．

これももっともだが，労働基準法の基準を大きく超え，月100 H超などの残業を行っている場合，確かに大きな収入は得られるが，これを生活のために行うことが習慣的に常態化している時などは健康管理上の合理性が説明できない．やはり，産業医は「リミッター」として，また，独立して健康状態を確保するための「安全弁」として機能する必要があるのではないだろうか．

1.3.4 企業リスク軽減のための産業医学

これらのことから，さまざまな労働災害事故やその悪影響を防止するために，以下のようなリミットの範囲内で労使ともに無理をしない・させないことを工夫してみてはどうだろう．さらに，残業時間の物理的上限の策定など「レブリミット」を設定し，頭脳のオーバーレブによる被害を防止してはどうだろう．

社側は，

① 情報処理学的合理性に矛盾しない仕様を策定する
② デバッグ効率の悪いシステム開発をやめる
③ 無理な条件（短納期，予算ひっ迫など）の受注をしない
④ 十分な予算，人員配置をし，余裕のある工程を計画する
⑤ 例えば，3日ごとに残業時間を確認し，過重労働に対処する
⑥ リスクのある場合の対処は迅速に行う

社員側は，

① ミッションごとに作業記録（航海日誌）を残す
② 勤務時間記録は命綱．決して虚偽記載しない
③ 情報処理学的合理性に矛盾する場合，ためらわず指摘する
④ 行数依存ではなくエレガントなコード作成を心がける

⑤ 体力以上の業務負担は受けない
⑥ 体調の変化をきちんと報告する

このように直接のリミットも必要だが，もっと望ましいのは会社全体の技術レベルを持ち上げることである．一人ひとりの能力が上がれば生産性は上がり，外注も減る．問題は「仕事が途切れないこと」なのだろうが，大学のサバティカルのように，技術力を伸ばすために投資を行うことも大切なのではないだろうか．

1.4 まとめ

産業医としてできることは，それほど多くない．むしろ，総務担当者との連携により，会社の就業規則を見直すなどしたほうが，より大きな効果が得られるはずである．もちろん，現場の上長の努力など，社の健康管理体制を全体から見直し，教育体制の改革など総合的な対策を行うことで，不必要残業の撲滅にも取り組む必要があろう．そのために，残業の状態を解析・検討し，「今，社では何が起こっているのか？　対策は講じられているか？」について常に関係者間で議論することが必要であり，各当事者の連携が重要である．

本章では触れなかったが，このような業務過多による残業時間増加の他に，内因性の精神疾患など，本当の症候（疾患による症状）を起こしている場合もある．その場合，作業効率が下がって残業過多となった状態を逃さず，産業医面談などにより「症状」をできるだけ早く検出し，専門医に紹介することが必要である．そのタイミングを逃すと，出勤状態がさらに悪化し，症状が急速に進行することも経験することである．

このように，わが国のIT産業が直面する問題は，単なる過労や労務過多の問題ではなく，社員の能力低下，教育システムの破綻，低い技術力，クラウドへの変革による従来のビジネスモデルの崩壊

など，多くの問題を含んでいる．社員の残業時間は，さまざまな症候や社の状態に関係する重要な指標の一つだが，ここで検討したように，原因によりそれぞれ対処方針が異なる．個別事例に対して最適化は困難だが，「技術者の体力（健康，技術力）」，「企業としての健全さ」，「教育システムの再構築」をテコとして，社員の業務効率を向上し，企業運営の健全性を高め再生させる必要があろう．そのうえで無駄を省く努力をすれば，残業の必要のない効率良い運営につながるのではないだろうか．

IT 企業とそこに勤める技術者たちのインテリジェンスは高い．彼らに健康であることの合理性を解き，そのための方法論を示すことにより，彼らは彼らなりの「インプリ（実装）」を合理的に導出するはずである．どうすれば，この愛すべき不器用ないい人たちを守り，元気に生きてもらえるだろうか．

どのようにこの人たちに「健康で長生きするための生活習慣というプログラム」をインプリすれば効果があるのか？　ここ（本書）に知恵を集めた．この本全体が「プロトコル」である．

1・4
まとめ

第2章

IT技術者と健康

はじめに

IT技術者の現状について述べた第1章を受け，本章では医学的立場から医師である中川，坂口，八尾，衣笠が，健康リスクの全体像を概観するとともに各種健康管理上のリスクについて述べる．

2.1 IT技術者の健康リスク

2.1.1 健康リスクの全体像

健康リスクの議論は単純ではない．生活習慣病のリスクについて述べる場合，厚生労働省の公表する死亡率統計が広く用いられるが，根拠となる死亡診断書に記載される病名はあくまで「その人がどの疾患で亡くなったか」を示すにすぎない．

例えば，20代で入社，ストレス過多となり過食から肥満が始まり，35歳で糖尿病と高脂血症，45歳で心筋梗塞，60歳で脳梗塞，70歳で胃がん，80代まで生き残り，85歳で肺炎で亡くなった場合の死因は肺炎となる．昭和20年ごろ，肺結核が主な死因であったころに，肺結核に罹患した人は高い確率で死亡した．この場合，肺結核は国民に対する健康管理上の大きなリスクであった．

1947年（昭和22年，終戦の年の2年後）の死亡率（人口10万人当りの死亡数，1457.4）を1とした死亡率の年次変化を図2.1に示す．1980年ごろの0.4を最低として徐々に増加し，2003年では0.55となっている．1980年まで総死亡率が低下を続け，そ

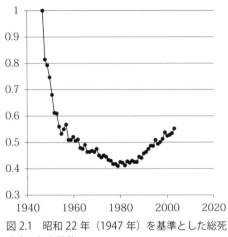

図 2.1 昭和 22 年（1947 年）を基準とした総死亡率の年次推移
出典：厚生労働省，平成 23 年人口動態統計月報年計（概数）の概況，URL:http://www.mhlw.go.jp/toukei/saikin/hw/jinkou/geppo/nengai11/toukei01.html

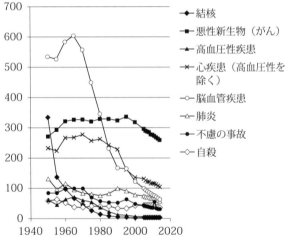

図 2.2 各種疾患の年齢訂正死亡率推移
出典：厚生労働省，人口動態統計年報　主要統計表（最新データ，年次推移）第 7 表　死因順位（第 5 位まで）別にみた死亡数・死亡率（人口 10 万対）の年次推移，
http://www.mhlw.go.jp/toukei/saikin/hw/jinkou/suii09/deth7.html

れ以降増加しており，死亡率そのものは上昇していることを示している．

各種疾患別の年齢訂正死亡率の年次推移を図 2.2 に示す．縦軸は人口 10 万人当りの年間死亡数を示す．人口 10 万人とは概ね，東京都では区，市の単位と思ってよい．統計値から，2010 年代になると悪性新生物（がん）で年間およそ 300 人死亡することがわかる．また，人口 10 万人当り悪性新生物で 1 日に約 1 人，心疾患または脳血管疾患で 1〜2 人死亡していることがわかる．

年代別死因

このように，死亡率そのものは国民の健康管理上のリスクを示す統計値であることには変わりないが，医療による救命率が上がっている現代では，「最終死因」とその人の生涯の健康上のリスクの間には乖離が生じてきていることも認識すべきである．そのため，20 代（若年），40 代（中年），50 代（壮年），60 代以上（老年）のうち，若年から壮年の人口が多い IT 技術者の健康リスクは，死亡率統計で肺炎が高率だからといって肺炎をリスクとしてよいかどうかはわからない．まずは，若年から壮年の死亡率の上位に肺炎があるかどうかについて検討されるべきである．

図 2.3 に，20〜60 代にかけての主要死因の年代別分布[1]を示した．20〜30 代の死因の第 1 位は自殺，40 代以降はがんが 1 位となり，次いで脳血管障害，心疾患となることがわかる．脳血管障害，心疾患の原因は動脈硬化である．以上のことから，本章ではこれら疾患を取り上げる．

2.1.2　脳血管障害，心疾患の動向

図 2.2 で注目すべきは，わが国における脳血管疾患での死亡数が，1960 年代では年間 600 人（1 日平均 2 人）だったのが，

---

[1]　男女合計，縦軸死亡数.

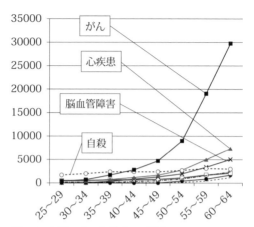

図 2.3　主要死因の年齢階層別推移
出典：平成 23 年度データ，厚生労働省データ，
http://www.mhlw.go.jp/toukei/saikin/hw/jinkou/suii09/index.html

2000 年前後で約 100 人となっていることである．さらに注目すべきは心疾患であり，1960～1990 年代にかけて 250～200 人であった死亡数が，2000 年では 100 人とこちらも激減していることである．

　循環器内科での経験から言うと，これら死亡数の激減には 1990～2000 年にかけて著しく発達した心臓カテーテル技術によって心筋梗塞の救命が可能となったことが顕著に影響している．特に冠動脈を再疎通させるステント（狭窄した冠動脈内に留置し再疎通させる器具）により，梗塞後の心機能低下を防げるようになったことがブレークスルーとなった．

　脳血管障害や心疾患（狭心症，心筋梗塞）は動脈硬化と強く関連する．特に動脈硬化は，糖尿病，高脂血症，老化，肥満，喫煙，高血圧などの関連疾患によって悪化し，致命率の高い脳血管障害や心疾患を起こす．

　脳血管障害も心疾患も動脈硬化性疾患だが，上述のとおり，1960 年代から 2000 年にかけて脳血管障害が急減した（600→100）．その理由として，健康診断による高血圧症の検出と治療に

より，脳血管障害を起こすほどの高血圧（例えば，収縮期血圧が200〜300 mmHg という高血圧）を検出できるようになったことが挙げられる．毎年，定期的に健康診断が行われ，減塩，薬物治療へと医療介入が進んだ結果，原因であった高血圧が減少し，死亡率の低下につながったと考えられる．これに対して，心疾患は前述した心臓カテーテル手技（専門的訓練を受けた医師による特殊な処置のこと）の発達までは減少しなかったのである．

心疾患の原因である動脈硬化を進行させる高脂血症は，1990年代にスタチン（HMG-CoA 阻害酵素：強力な LDL コレステロール低下作用があり，最も用いられている薬剤）が導入されたことによって減少してきているが，心疾患の死亡率そのものへの関与はそれほど大きくはない．この薬剤は 1990 年から導入されたが，2000 年ごろまでの約 10 年間は漸減している程度であり，心臓カテーテルによるステント手技が一般化した 1997 年ごろからの死亡率の低下のほうが大きいと思われる．

重要なのは，動脈硬化性疾患である脳血管障害は血圧のコントロールにより発症を予防できる一方で，心疾患は救命技術が上がっているから死亡率が下がっているだけなのであって，発症そのもののリスクは減っていないということである．

2.1.3　肥満は IT 技術者の最大のリスク

IT 技術者諸氏は，肥満，睡眠不足，喫煙，過労，疲労，過食，飲酒など，動脈硬化を進行させるに十分なリスクを保持しており，心筋梗塞のリスクのオンパレードである．彼らは，図 2.4 に示す脂質代謝のように，30 代前半で要経過観察率が上昇し，50 代にかけ漸増する．これらを予防していくためには，できるだけ早期に過食，肥満に端を発する高脂血症，糖尿病の発症リスクを下げていくことが効果的である．そこで，本項ではまず，肥満リスクの低下を取り上げる．

企業では健康診断を踏まえ，生活習慣病リスクを軽減するため

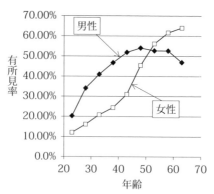

図 2.4 脂質代謝異常の年齢別有所見率
出典：一般社団法人労働衛生協会，事業年報
2010, pp61-62 を基に作成.
http://www.rodoeisei.or.jp/09_kyokai/2010/
nenpo2010_4.pdf

の健康支援面談を保健師または産業医が行う．ご想像のとおり，IT 技術者の場合，特に「よくできる人」ほど，生活習慣病（肥満，糖尿病，高脂血症，痛風，高血圧など）になる方が多い．

　これらの生活習慣病は，運動不足，過食（質，量ともに），睡眠不足，飲酒などを主因として発症するとされる．長時間の残業による不規則な生活習慣，睡眠不足を補おうとする飲酒，ストレスを解消するための過食（間食，暴飲暴食）を「業界標準」とする IT 業界においては，これらの生活習慣病は，まさに原因があって結果がある「業界病」と言える．

　カーネルダイエット[2]に敏感な彼らが，自らのダイエットに鈍感なのは，「超人にしかわからないほどのストレス」を「食欲などの快楽」によってバランスを取ろうとするからかもしれない．

　彼らにとって「食う寝る遊ぶ」は，生活習慣病リスクは大きいが最も大きな「ソフトウェアを作る」という「大きなストレス」をバランスするために必要な「バカ」なのかもしれない．そのバカを承知で，食べたり，飲んだり，話したり，笑ったりする中でアイデア

---

[2] Linux（Unix）などのコンピュータの基本ソフト（オペレーションシステム）の機能を最小限度とすることによってメモリの使用量を小さくすること．

を生み出し，何もないところからソフトウェアという「生産物」を生んでいるのかもしれない．

2.1.4　自虐ネタになりますが…Dr.N の体重遍歴

Dr.N（私のこと）も，長年 IT 業界にどっぷりとつかり，研究者としての生活を送ってきた．世の中に闊歩する IT 技術者諸兄と同様である．大学時代（ちなみに医学部），183 cm，86〜88 kg だった体重は医師免許を取り，夜勤のアルバイトを始めてから「激増」した．

医者でも当直は大変

医師にとって夜勤のアルバイトとは 17 時からの夜診外来と，21 時からの夜勤帯の勤務のことで，翌日の朝 8 時まで続く．夜診は 16 時 30 分〜20 時までの受付であり，通常 30〜40 人程度，風邪などの受診が増える冬季には 50〜60 人程度まで受診者が増えることもまれではない．当直医の勤務は，基本的に病棟にいる患者さんたちの容態変化（場合によっては急変の対応）と救急対応（さまざまな患者さんが来る）が主となる．

病棟・救急対応は概ね 1 時間に 2 本から 3 本，眠れない人への眠剤の処方などの指示出しから，入院患者の急変への対処に加え，ありとあらゆる救急対応を行う．"一人 ER 状態"となることもまれではない．

何十人もの患者たちを診察する「夜診から当直」という勤務はきついが，大学院での研究生活において予定を固定できること，対応の合間に論文執筆ができるなどの時間の自由もあるため，メリットも大きい．もちろん，午前 2 時に心肺停止で救急受診となった患者を朝までかかって心拍再開し，CT 等で第一印象の診断を行った上で ICU に引き継ぐというような場合は寝られないが，このような"超重症"は，そうそうやって来るわけではない．

当直医のリスクの高い日常

夜診外来を 21 時に終えると当直室に上がり，買っておいたコンビニ弁当やお菓子を開ける．病棟や救急の対応は常時来るわけではないので，いったん大物を片づけると「待ち」となる．

昼間とっておいた論文のコピーを読んだり，テレビを見たり，持ち込んだラップトップ（当時，大枚はたいて生協で購入した Macintosh Powerbook 145B が愛機だった）を開いてボツボツとデータ解析したりして過ごす．そのうえで，もちろん「食べる！」のである．

休みの日は睡眠不足もあって自宅でゴロゴロして過ごし，平日は朝ごはんを食べて大学に行き，解析や調べ物をする．昼ごはんは生協などで済ませたり，近所（百万遍）のレストランで「ランチ」を食べたりする．夜 9 時くらいまでは教室で過ごし，帰宅後はしっかりと夕食を食べる．間食も少なくない．ハッピーターン，ポテトチップス，オレオなどなど，1 か月で 3000 円から 5000 円くらい使っていただろうか．

私の場合は軽労作どころではなく…

当時，インターネットを用いた健康管理手法についての研究をテーマとしていた私にとって，最も大きな仕事は，医学にとって全く新しいこの技術を「習得すること」であり，Sun システム管理やPerl 本を読んで，IRC（Internet Relay Chat）や ML（メイリングリスト）に自分のやりたいこと，できないこと，疑問などを投げかけ，友人たち[3]と「おはよう」から「おやすみ～」まで，キーボードを通じてずっと話し続けているような生活を送ることだった．もちろん運動はしない．

---

[3]　当時京都高度技術研究所におられた Ohm 氏，京都大学情報の院生だった moton氏，Tetsutaro 氏，Oriheus 氏ら．各氏とも現在も最前線で研究者として活躍されている．

とうとうハンドレッドクラブに入会し…

先日，新婚時代に撮った別人のような自分と妻の写真を見て，「僕は当時，100 kg 以上もあるようなデブで傲慢だったし，もし，子供が当時の僕のような奴と結婚すると言ったら，絶対に許さないと思うけど，君が結婚したのは"医者"とだったんじゃない？」と恐る恐る聞いたところ，「もちろ〜ん」と言われた．それでも彼女の勇気と根気と愛情には一生頭が上がらない．わかりました．一生働きますから．

ハンドレッドクラブ[4]に在籍した 5 年間で体重は増え続け，とうとう 113 kg となった．

京都大学医学部衛生学教室は，大正時代に建てられた地下 1 階・地上 3 階の建物で，屋上にセミナーを行うスペースがあったが，113 kg となった私は 1 階の研究室からセミナールームまで上がっていくと息が切れるようになっていた．論文も出して仕事も一段落という中で，何と国立がんセンター研究所から「来ないか？」とオファーが届いた．

一回目の減量

就職するには健康診断をまともに受けねばならない．35 歳，113 kg．血液検査上，特に異常があったわけではない（もちろん，非常勤勤務先の病院で"定期的"に検査していた）が，自動車移動の関西と違い電車での移動となる東京ではともかく歩かなければならない．100 kg オーバーではきつかろう．採用時，健康診断が行われるであろう 2〜3 月までに体重を減らして「普通の健康状態にならねば」と減量することとした．

京都大学医学部衛生学教室は，先々代の藤原元典教授がアリチアミン[5]の製法特許を開発され，私を指導してくださっていた木村美恵子助教授，横井克彦助手らは，当時最先端の ICP（プラズマ発光

---

[4]　体重が 100 kg を超えた人たちのこと．
[5]　脂溶性のサイアミン（ビタミン B1）．

分析装置）を用いて，さまざまな微量元素欠乏を明らかにしておられた．栄養食糧学会をはじめとして衛生学会，公衆衛生学会，疫学会などで，「栄養と言えば京都大学医学部衛生学教室」という"老舗"であった．学生時代からここで行われていた食事調査用ソフトウェアの開発が縁で食事調査結果の統計解析を行ってきた私にとって，「プライドをかけた」ダイエットという側面（何を大げさな！）もあった．

原則として糖質と油脂を徹底的に食べない，魚介類，野菜は自由摂取とする．一日の摂取エネルギー量を減らせば必ず体重は減るが，栄養素摂取量から考えて食のバリエーションが減少すると，かえって栄養素欠乏を起こし過食となる．そのため，私なりに摂取エネルギー量を減らす方法を考えた．「ご飯をよそってもらった上で半分返す」のである．油脂を含む肉類などは極力食べないといったことを敢行し，約半年で 100 kg を切るようになり，3 月の健診時には 95〜96 kg となっていた．

東京での生活

東京に来てから，ともかくどこに行くにも電車．地下鉄の乗り換え案内の地図（まだ携帯電話は話すことしかできなかった）と首っ引きで東工大，田町の情報処理学会，東大に出向いたりし，千葉の印西牧の原のわが家まで都営浅草線で帰るという生活だった．体重は 94 kg に安定していた（もちろん少し太り気味である）が，郵政省通信総合研究所に移り，"活躍"し出したころ，遅くまでの会議，打合せ，会食などが続いた．特に，APEC などの会議の場合，ホテルからほとんど出ることなく，ずっと会議，話合い，原稿書き，リリースで 5 日間ずっと睡眠時間は 2〜3 時間．体重は再び100 kg との闘いに．

健診前には必死で…

それでも，ハンドレッドクラブ名誉会員（友人である金沢大の大

野先生が言い出しっぺ？）となったからには，現役に返るわけにはいかない．研究所の健康診断の日程が決まり，受診票が送られてくると，極端な減食（ほとんど食事をとらないなど）で「乗り切って」いた．40代半ばを過ぎ，東工大での研究に明け暮れていたころ，それまで6.8程度だったヘモグロビンA1cが8.3と上昇（正常値は6.2以下）．ドクターコースの友人のKenta君らと毎週自由が丘でのビール大会が響いた．学生時代から何かとお世話になっている開業医の友人に「8.3なんだけど」と告げ，帰省して受診．

糖尿病発症と二回目のダイエット

「なかがわせんせ，あかんわ…」「ん？」「大動脈石灰化．糖尿病発症です」．即刻，治療開始．（糖尿病の薬は）セイブル，メトグルコ，グラクティブから．妻には，「申し訳ないけど，お弁当をお願いします」と，ごはん一膳160gを覚えるところから始めてもらった．後は体重が増加しないように食べるのである．それまでは昼食を抜いていたのだが，きちんと3回食べ，毎日体重計に乗る生活が始まった．

ダイエットの原理と実践

原理は比較的簡単である．先に述べた私の適正体重74kgに相当する消費エネルギー量は74（kg）×26（kcal/日）＝1924 kcal/日，1924 kcal/80 kcal[6] ＝ 24単位である．1924 kcal，24単位のエネルギー摂取をしていけばよい．

ちなみに，体重94kgの場合の消費エネルギー量は1日2444kcalであり30単位に相当する．差し引き約600 kcal食べすぎたために94kgとなったのだ．

軽労作の人は1kg当り26 kcal消費するとすると，

---

[6] 糖尿病の栄養指導に用いられる値で，摂取エネルギー量80 kcalを一単位として一日何単位食べるかの目安とする．20単位 ＝ 1600 kcal，30単位 ＝ 2400 kcalなど．

$74 \times 26 = 1924\,\text{kcal} = 24\,\text{単位}$

$84 \times 26 = 2184\,\text{kcal} = 27\,\text{単位}$

$94 \times 26 = 2444\,\text{kcal} = 30\,\text{単位}$

その差は，わずかに 3 単位分でしかない．

1 単位の食物の例

ごはん　茶碗 1/3 杯（50 g）

食パン　1/2 枚

ベーコン　1 枚（20 g）

マヨネーズ　大さじ 1 杯

うーん．確かに，夜中にベーコン一枚とか，ゴキブリのように食べていた気がする．ご飯も晩ご飯でおかわりしていたし．これにショートケーキ 1 個 240 kcal，柿の種の小袋一袋で 240 kcal，当直の時は確かにこれを 6 袋とも食べたりしていたなぁと．ということは，ほんの少しの減食，というか食事の時に気をつけるくらいでも，随分違うことがわかる．1 日 20 単位摂取として，当時 94 kg あった私の体重は約 1 年半で 74 kg となった．糖尿病の数値も血中脂質も改善し，見掛け上，正常人となったのである．

2.1.5　ダイエットのアルゴリズム

Dr.N のダイエットの結果

しかし，引退直後の力士のように垂れ下がったカーテンのような腹，尻は見られたものではなかったし，何より皮下脂肪の減少により寒がりになった．風邪も引きやすくなった．体力そのものが低下したのである．その後，心筋梗塞を経験し，命拾いをしたのであるが（これに関しては 2.2 節で詳しく述べる），今は少し体重を増やし 80 kg 前後となっている．結果的には，単なるカロリーコントロールだけでは体重の増減は防げないというのが私の得た経験則かもしれない．少し発想を転換してみる．

① 普通の人の考えるダイエット

　先日，長年の友人であるK大学のN教授と話した．彼も最近，健康診断の結果，K大学附属病院内分泌内科受診となり，「糖尿病です．食事指導を受けてください」と言われ，Googleでおもいっきり「カロリーコントロールなんて簡単じゃん！　あんたになんか教えていただくことなんかありませんよ！」というつもりで管理栄養士外来を受診したらしい．

　この時，もちろん敵は「あったりまえじゃん，うぶな人ねぇ．わかってるわよ」と，ひとしきり彼の「これまでの暴飲暴食の反省とこれからのダイエットプラン」について語らせた後，「いいえ，先生，そのお気持ちはとても大切ですが，我々の経験ではそれだと長続きしません」と打って出たらしい．N教授も私と同じように1日の必要エネルギー量に比べて食べすぎている自分を反省し，「これからは減らすんだ」と言ったにもかかわらずである．

② ちょっと進んだダイエット

　経験のある管理栄養士殿は，「ええ，先生のおっしゃるとおり，あれもこれも食べなければ，もちろん体重は減ります．でも，うまく減るわけじゃないんです」「どうして？」「先生の体からは，まだ十分なインシュリンは出てるんです．効きが悪くなってるんです．それは，インシュリンのシグナルを受け取る細胞の数（レセプターの数）が正常に比べて大変多いので，効きが悪くなっているからなんです．なので，運動をなさって少し体重を減らしていただければ，インシュリンの効きがよくなるところで均衡して効率よく血糖値が下がるはずなんです！」と．さすがである．本書の糖尿病のところでDr.S：坂口氏（本書2.3節担当）が一章分かけて説明するところをたった一言で言っちゃったのである．

　その後，大人になったN教授は，昔は「ネクタイなんかしてたらだめだ！　とか，ゴルフなんてとんでもない！」と言っていた過

去のことはすっかり棚に上げて，喜々としてゴルフバッグを担いで歩くことになり，検査値も好転，食事療法でコントロール可能となったとのこと．管理栄養士殿，さすがである．

③ もう少し考えたダイエット

N教授の場合，管理栄養士殿の策略に，とってもうまく「ハメられた」結果，それまで見向きもしなかったゴルフをしてみるという，とても幸せな日々を送っておられるのだが，通常のサラリーマンには，時間もお金も余裕がない．

ではどうすればいいのか？ 体重を減らすための原理はわかる．現在の過重な体重を適正な体重にすればいいのである．待てよ．なぜ過重なのか？ 言うまでもなく「食べるから」である．なぜ食べるのか？「脳が欲するから」である．一種の詭弁だが，脳をだませばいいのではないか？「君の本来の食べ方はこうだよ！」と．

「朝ごはんを抜いて，昼ごはんはラーメンくらいしか食べてないし，夕ご飯は夜10時ごろにコンビニ弁当を食べるだけで，時々，間食しているくらいですけど何か？」という読者諸兄もおられると思う．

トータルカロリーとして2000 kcalとるかとらないかくらいなのに，なぜ90 kgの体重が減らないのかと．

意外な伏兵が間食である．食べ方に関しては2.3節の記述に期待するとして，例えば，クックパッドの糖尿病レシピ[7]を見ても，今，読者諸兄が食べているコンビニ弁当よりずっと豊かに見えないだろうか？ 要するに，体重をではなく食べ方を目標にすべきではないだろうか．

朝ごはん抜き，昼のラーメンで600 kcal，夜のコンビニ弁当で1000 kcal，間食で480 kcal（ケーキ2個分）では，食生活も豊かとは言えないと自覚すべきである．

---

[7]　https://kenko.cookpad.com/tounyou/menus

朝，優雅に厚切りトーストにジャムつけて 300 kcal，牛乳 1 パック 240 kcal，昼の月見うどん 500 kcal，夕ご飯は小ライス（240 kcal）にハンバーグ（500 kcal）とサラダ（ドレッシング控えめ）のほうが良くないだろうか？ こうして，より良い食生活と生活習慣に乗り換えていくことこそ，本来のダイエットであるべきではないだろうか．

④ 適正体重とダイエットについての工夫

IT 企業の社員を対象とした定期健康診断でも，人間ドックでも，集団健診でも，有所見者（要経過観察，要治療）の大勢を占めるのはいわゆるメタボリック症候群である．メタボリック症候群は種々の原因によって内臓脂肪が蓄積し中心性肥満体型となり，高脂血症，糖尿病，痛風などの代謝性疾患を起こし，狭心症，心筋梗塞，脳梗塞など動脈硬化性疾患を起こす．情けないが，私（Dr.N）の体験そのものが追体験されていく．

⑤ 人間ドックでの会話の一例

以下に受診者指導を行う例を挙げ，実際の肥満指導の時に人間ドック医として受診者を指導し，行動変容を導出する工夫を示してみる．

人間ドックの診察を担当していると，次のようなプロフィールの受診者の方をよく経験する．

43 歳女性，職業：パート，家族：夫，子供 2 人（中学生 2 人），
身長 163 cm，体重 65 kg，TCHO（総コレステロール）246，
HDL-C（善玉コレステロール）40，TG（中性脂肪）170，
LDL-C（悪玉コレステロール）147

というような検査結果である．

この様な方は，どの健診センターでも「太りすぎです．食生活を改めてください」と健診後の指導で聞かされることになり，「痩せ

なければならないことは，よくわかっているのだが，結果的に痩せられずに今年も同じことを言われるのだろうな．あぁ，嫌だな」と思っておられる場合が多い．

Dr.N 今回のドックの検査結果です．

Mrs.X ほらきた！　さっさと言いなさいよ！

Dr.N 総コレステロールと悪玉コレステロールが少々高くなっております．前回受診された時より体重が 63 kg から 65 kg に増えていて，肥満度も上昇してきています．腹部エコーでも脂肪肝の傾向があり，今のところ糖尿病の数値であるヘモグロビン A1c は 5.6 と病的な範囲ではありませんが，正常上限となっており，食生活の改善が必要ですね．

これで「減量しましょう」と言っても，「はい，わかりました」と返事をして，この方は来年も同じことを聞くことになる．それでは工夫がない．

Dr.N あのぅ…，僕，今 80 kg なんですけど，一番ひどい時は 114 kg あったんです！　体重計がお風呂にあると思うのですが毎日乗ってますか？

Mrs.X いいえ．時々．

Dr.N 体重は何のために測るかというと，今何キロあるか，ではなくて，昨日に比べて，昨日から食べた / 運動した / ほっといてもカロリー消費した（体温保持するので）エネルギー量の過不足を見るために乗るものだと思います．
昨日に比べて，体重が変わらなかったということは，昨日から今日にかけて食べたエネルギー量（カロリー）と，消費したエネルギー量が等しかったということを意味します．

体重の増減がないということは，今の食生活を続けている限り，エネルギー出納が均衡しているということです．この感じで食べていると「脳が食欲を満たしている」と感じる量を満たしているということです．もちろん，食い足りなければ脳は体重が減ることを嫌いますから，「もっと食べよう」と刺激します．これが空腹感です．空腹を感じるほどダイエットしても脳は前の状態に戻りたいと思うので，お腹が減って食べたくなるわけです．

体重計は，脳をだませているかどうかの数値です．

例えば，お昼ご飯にラーメンを食べていたのをそばに替えて，かき揚げやてんぷらをやめる，間食にケーキをとっていたのをおせんべいに替える，夕食のハンバーグを子供たちだけにして自分は焼き魚にするなど．また，ご飯を50g減らしてみるとか，マヨネーズをやめてドレッシングをポン酢に替えてみるとか，デザートにアイスクリーム1個をとっていたのをミニアイスに替えてみるとか，夜寝る前にチョコ2個をとっていたのを1個だけにするとか．

で，お腹が減ったと感じないようにしながら，そーっと，そーっと，脳に気づかれないように，自分だけが少しずつ体重が減っていくのを知るための道具なんです．

なので，そういう工夫をすこーしずつしながら，毎日体重計に乗って貯金箱を見る楽しみを味わって来年また来てください．

うまくだまされてくれるかどうか…．楽しみである．もちろん，このようにうまく「ツボにはまってくださる」例はそれほど多くないが，うまくいけば「ぜひ来年も先生にうまくいった報告ができる

よう頑張ります！」とお帰りになる．「してやったり！」である．

2.1.6　まとめ

現在の体重に対して，食べている量が多いか少ないかは，体重の増減で知ることができる．脳が欲しがるだけ食べていると体重が増加するのであれば，少し運動をしてみる．本書では，ほんの少しの運動でも，1日 250 kcal（一万歩相当のエネルギー．ちょっときついのであれば，5000 歩：120 kcal）は「稼げる」運動を提案できればと思う．これに関しては，友人の O 大学 W 教授にお願いしている．トレーニングメニューが完成したら公開してみたいと思っている．

そのためには，夜 10 時まで働いて終電に駆け込み，コンビニに並ぶ残りわずかの弁当をやっとの思いで買って帰るような生活を繰り返すのではなく，さっさと夕方に仕事を終えてスーパーの開いている時間に買い物し，帰って料理を楽しむほうが健康的だ．そのほうが翌日頭もスッキリしてよい仕事ができると思うのだが，読者諸兄，この提案をお受けいただけないだろうか？

2.2　IT 技術者のサバイバルのために

2.2.1　医学での緊急事態とは？
　　　　——生還のための必要条件

ここでは，ちょっと小太りないい人で，定期健康診断の結果，「早くお医者さんに行ってくださいね！」と言われながらも忙しく働く，愛すべき IT 技術者諸兄が遭遇するかもしれない「生命の危機」について，私（Dr.N）が大切だと思うことを，自虐的な例を随所に盛り込みつつ反面教師として述べてみたい．

2.2.2 Dr.N の心筋梗塞

　私は，2008 年に心筋梗塞を発症した．以下は自分の体験を，情報処理技術者にも共有していただこうと情報処理学会会誌に寄稿した文書[8]の一部である．

　2008 年の 10 月から，お茶の水女子大学で「生活世界の安全保障」という講義を始めた．インターネットをはじめとするメディアに流通する情報は，真の情報から必ず何らかの修飾を受けるものであり，情報の信憑性に関して判断するための基礎知識を身につけることこそ，重要なリテラシーであると説明していた矢先のことである．

　三連休中に投稿していた論文の書き直しを行っていた時のこと．夕方に書き上げ，夕飯後，ちょっと体をほぐしに行ってくるよと，いつものように，近所のゴルフ練習場に行き，少し待って，打席についていつものようにピッチングウェッジで 50 ヤードのアプローチを 5 打ほど打ったところで，急に前胸部の筋肉が痛いような感じが走った．

　恐らくパソコンの打ちすぎで大胸筋が鈍っているのだろうと，そのまままた数発打ったところで，今度は上腹部に鈍い痛みが走り，上腹部が急に気持ち悪くなった．席について休み，落ち着いてきたので，また打席へ．また数発打ったところで，上腹部の気持ち悪さが増してきた．たまらず，トイレに駆け込んだ．着座するなり，水様の下痢を数回．変なものを食べたわけじゃないのに，どうしてだろう．今度は嘔吐，激しい嘔吐である．さらに水様の下痢．いよいよおかしいなぁと思い出した．

　待てよ．これは，ただの食あたりなんかじゃない．突然，嘔気が襲い，激しく数回の嘔吐の後，全身の発汗．あれ？と思って脈を診

8　中川晋一，八尾武憲，虚血性心疾患に対するライフログの可能性，情報処理 Vol.50 No.7, pp 633-pp 640, 2009.

るが，欠落はない．脈拍は70〜80程度だった．が，発汗．ここ
で，頭を冷やして考えた．上腹部症状，激しい発汗…，もしかして
心原性ショック？　かも…．

　もし，心筋梗塞だったら，この後，何が起こるかわからない．前
壁梗塞[9]だった場合，恐らく血圧が保てなくなって意識が無くなる
…．トイレで？　ここは鍵がかかっている．最悪の場合，発見され
ない．心筋梗塞ではなく，狭心症だったとすれば…．幸運に恵まれ
てこの発作だけで収まれば，トイレから出て，救急車を呼んでもら
って，運んでもらえば何とかなるかもしれない．しかし，ともかく
閉鎖されたトイレの中でそのまま意識を失ってしまったら，叫ぶこ
ともできない．まだ8時30分だ．

　出て行くしかない．一か八かトイレットペーパーで拭き，そっと
ズボンを上げて，立ち上がらないように這ってトイレから出てロ
ビーへ．ちょっと立ち上がろうとしたら起立性低血圧．まずい．や
っぱり血圧が下がってる．間違いなく心筋梗塞だ．ひょっとする
と，血圧60台？　脈の欠落は，はっきりしない．

　ロビーにあったソファで横になり，少し落ち着くかと思ったが，
今度は下腹部の力が急に抜けていく感じがしてきた．まずい，ソ
ファを汚してしまう．床に転がったところで，もう力が入らない．尿
も便も失禁状態に．

　「すみません！　心筋梗塞起こしてるみたい．すぐに救急車を呼ん
　でください！　僕は医師です」

と力の限り叫んだ．

　回りの人は，ただ驚く様子．フロントの人が来て，「すぐ呼びま
すから」と言ってくれた．数分後，救急車の音．救急隊の人が来
た．

　倒れたとき，私は携帯電話を持っていた．もちろん，携帯電話か

---

[9]　心筋梗塞のうち最も太い冠動脈である左冠動脈主幹が閉塞して起こり，左心室の主
　　要部分が壊死する病態のこと．

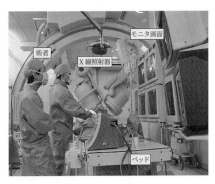

図 2.5　心臓カテーテルの様子

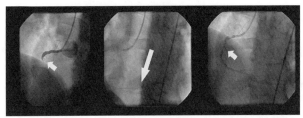

a. 右冠動脈の完全閉塞　b. 病変部を通過し右冠動脈抹梢までガイドワイヤーを挿入　c. 血栓吸引後：血栓吸引により抹梢までの血流が再開（再灌流）矢印部に狭窄を認める

図 2.6　心臓カテーテルによる冠動脈再疎通

ら自分で救急車を呼ぶことも考えた．しかし，電話をしているときに，電波状態で不通になってそのまま意識が無くなったりしたらどうなるだろうか？ あるいは自分のいるトイレがどこなのかを正確に救急隊の人に伝えることができるだろうか？ 練習場の人が知らないままに救急車がやってきて，みんなで探すということになるのではないだろうか．なぜ，携帯電話には，救急用のビーコンやサイレンがついていないのだろうと思った．

　通信の専門家で医師でもある研究者が，携帯電話を握りしめてトイレで冷たくなっているのを閉場の準備に来た従業員が見つけてあわてて救急要請をし，大騒ぎになることは避けられたが，私自身，この段階で携帯電話から119番すべきかを真剣に迷った．まして，大きなビルで作業している技術者がちょっとした気分の悪さでトイレに駆け込むのは日常よくあることだ．ちょっと小太りの技術者

2・2　IT技術者のサバイバルのために

が，一人サーバールームで「シカッと」[10]来ることだってよくあることかもしれない．

このような急場で，AED は役に立つだろうか？ その「彼」はAED を必要とする不整脈を発症しているかもしれないが，どうしたら「彼」を死なせずに生還させることができるのだろうか？ 遠隔医療だろうか？ ライフログだろうか？ 携帯電話を使ったモニタリングだろうか？

「経験したことのない"冷や汗を伴う気分の悪さ"をただごとではないと感じて，助けを呼ぶ」ことのほうが重要ではないだろうか．

2.2.3 機転の大切さ

当時 78 歳だった母は，午前 3 時に，84 歳になる父が夜中にとても苦しそうに息をしているのを見て「大丈夫と思うか？」と私に電話してきた．眠気の中で「もし，顔色が悪いようだったら病院に運んだほうがいいと思うけど」といい加減なことを言う私を尻目に，COPD（慢性閉塞肺疾患）で前年に夫を亡くした近所の奥さんを起こして相談，たまたま彼の使っていたパルスオキシメータを父につけ，「78 と出てるけど大丈夫か？」と私に再度電話してきた．「78?! あかん，すぐに 119 番で病院に運んでもらって！」と，眠気眼の私は言った．

母の言った"78"とは，血中の酸素飽和度のことで，正常人は98％ 程度が普通の値である．これが 78 になったということは，動脈血中の酸素飽和度が急激に低下していることを意味する．80％を切ると通常の場合は意識が混迷する．この時，父が苦しそうにしていると言ったのは呼吸が困難になっていること，呼吸しても酸素飽和度が 78 までしか上がらず，十分な酸素が取り込めなくなっ

---

10 私の経験した胸痛は，突然の痛みで，ズキンでもギュッとでもなく「シカッと」という感じがぴったりする痛みであった．筋肉痛かと思うくらいで本当に心筋梗塞だなどと思いもよらない痛みであった．この痛みをサーバールームで感じても私と同じように「筋肉痛かな？」で済ましてしまうのではないだろうか．

ていることから意識が混迷することも少なくない状態であることを意味した．実際，父は肺炎を起こし，ARDS（成人呼吸切迫症候群）を発症していた．緊急入院となり一命をとりとめた．

「機転」である．

わが研究所（RinCOM）の猛者たちには，本書の随所で自虐ネタを披露している Dr.N ばかりでなく，他にも「死んでてもおかしくなかった」人は何人かいる．

経験したことのない腹痛で，「あぁ，今回もアニサキスにやられました」と何度も消化管せん孔をくぐりぬけて生還してくる K 氏，大の医者嫌いにもかかわらず，「いえ，先生，とても痛いのです．経験したことがないほどです」と言って，胃薬を出して帰そうとする医師に食らい付き，「念のため」と超音波診断装置で小腸破裂を診断され，緊急手術で九死に一生を得て 6 か月後，無事にゴルフを楽しめるようになった N 氏などである．

「経験したことのない…」は，とても大切な症候である．このような時，なりふり構わず「うったえる」ことこそ，生存にとって最も大切なことである．産業医として大変心配なのは，IT 技術者の諸兄はとても行儀がよく「大丈夫です」ととりあえず言ってしまうことだ．ふらふらなのに，一人で帰ろうとする．きっと彼らは，一人で作業しているサーバールームで「大丈夫だろう．もう少ししたら収まるんじゃないだろうか」と言いながら冷たくなるのではなかろうか．

IT 技術者たちは，太っていてオタクで一人暮らしが多い．「今の，体重 100 kg，中性脂肪 1000 mg/dl，LDL 260 という身体で出張に行って倒れたらどうするんですか？」，「いや，僕しかわからないことがたくさんあるので，現地で作業するしかないんです」．月曜日の朝，彼が現場に来なくて大騒ぎになり，上長が自宅訪問し，警察を呼び，コタツで亡くなっている「彼」を発見することもあるだろう．

彼らをどうすれば生還させることができるのだろうか．ここで示

したように「機転」や「きっかけ」かもしれない．いつごろ IT は「機転」を利かせてくれるようになるのだろうか．

2.2.4　本当に助かるための十分条件

発症の時，何とか助かるための機転や幸運に恵まれて医療機関での処置を受けることができても，日常生活に帰っていくまでの過程は実は平たんではないことが多い．医師は急性期を乗り切るために全力を尽くすが，日常生活に戻るまでの長い時間，健康を取り戻して本当に回復していくのは，患者自身の治癒力そのものである．

カーニハン–リッチーの訳本で著名な，人なつっこい故 I 先生のように，心筋梗塞の救命後に病室で亡くなったような場合，医療関係者としては悔やんでも悔やみきれないものがある．先生の亡くなった原因は心筋梗塞後合併症のどれかだと思う．

①　致死性の心室性不整脈（この場合は病棟内で少なくとも心電図をモニタリングしているので，通常すぐに検出される）

②　再梗塞（主病変の責任動脈もしくは他の部位が再度つまって梗塞を起こすこと．しかし，この場合も何らかの心電図変化があるのですぐに検出される）

③　心破裂（再疎通したからといっても，心筋の一部は死滅しているため，ダメージを受けた心筋に機械的なストレスがかかり，心筋が裂ける）

この他にも原因はあるが，大学病院で亡くなる場合は最終的な剖検[11]まで行われる場合が多いが，高齢の方の場合，主治医はほとんどのケースで「いつ，再梗塞，不整脈，心タンポナーデ[12]が起こって亡くなるかわかりません」と家族にも患者本人にも説明してあるため，死因を確定するための剖検を行うことはほとんどない．正確

---

[11]　死因を特定するために病理解剖すること．

[12]　心臓が破れて中の血液が漏れ，心臓を包む外膜に血液が貯留すること．これが起こると心臓が拡張できなくなるため，急激にポンプ機能が失われ危険な状態となる．

な診断を行うことは簡単ではないのである.

　故Ｉ先生は，急性心筋梗塞を発症され，幸い大学病院での緊急心臓カテーテルでの処置が奏功して一命を取りとめられたと思う．その後，CCU[13]での 24〜36 時間の絶対安静（腰が痛くて大変だったはずだ）の後，主治医の判断で通常の病棟に移ることが可能になられた.

　通常病棟に移り，排尿などもベッド上からポータブルトイレ可能の許可が出て，一安心となったのではないか．その後，弟子に読みたい本を頼み，"失った一週間"を取り戻そうと，読書やベッド上でのパソコンを始められたのではないだろうか.

　ここに問題があったのかもしれないと思う．先生は安静を保たなくてはならない時に安静を保つことを，忘れられたのではないだろうか.

　ものを考えるとき，心臓は脈動する．特に文章を書くとき，一つの文を書くたび，マルを打つまで息を止めるとしたらどうか．「君の一文は長すぎる．必要な肺活量が多すぎる．読者も一文を読み終わるまで息を止める．マルまで息を止めて読む．マルまでが長いと読み手は疲れてしまう．もっと読み手のことを考えて書きなさい」と，新聞記者をしていたＮ氏に叱られることしばしば．通常の心臓が健全なときなら気にならない脈動，息を止めて一文を読み，マルが来たら息をする，たったこれだけのことでさえ命にかかわる.

　心筋梗塞後は，とにかく静かにしていなければならない．できるだけ動かさないようにし，死滅した心筋細胞を白血球が処理し，瘢痕化[14]し，勢いよく動いている生き残った心筋の部分の動きと，動かなくなった部分のヒンジの部分[15]がうまくつながり，丈夫な瘢痕となって新しい彼の心臓が出来上がるのを，ひたすら静かに静

---

[13]　Cardiac Care Unit：循環器疾患専用の重症者のケアを行う特別病棟.
[14]　炎症性細胞によって死滅した細胞が処理され瘢痕（単なるワイヤーのような繊維性細胞）に置き換わること.
[15]　収縮する心筋と動かなくなった瘢痕の部分の間のことをヒンジという．心筋梗塞の治癒過程ではここが最も弱く裂けやすい.

かに待たねばならない．そんなときに，通常の元気のいい時と同じように脈動させたら，もちろんヒンジは外れ，裂けてしまう．心タンポナーデとなるのである．

あるいは心拍数が上昇し，心筋の電気的興奮の頻度が上がることによって生じる不整脈も，もちろん命に関わる．

急性期から慢性期への順調な移行こそ，本当に助かり，再び日常生活に帰っていくための十分条件なのである．

2.2.5 Dr.N その後

心筋梗塞から幸運にも生還した私は，帰宅して自室に戻った時，「このガラクタが，全部遺品になるところだったのか」と思った．入院期間を含めて約1か月の休業の後，職場復帰となった．例の論文の修正を再開，何とかそのまま以前のペースで研究生活に戻った．ただし，夕方6時には帰宅，夕食後，論文作成へ．23時には入浴し就寝する，という全く規則正しい生活となった．「今度何か起こったら本当に死んでしまうことになるだろうな」と，かなり薄氷を踏むような気持で始めたように思う．

以前からやっていたお散歩カメラも何とか復活し，少しずつ重いレンズを扱うようになっていった．投稿していた論文の採録通知，情報処理学会での学会活動貢献賞の受賞と，幸運なことが続き，仕事は学位論文の執筆という佳境に入っていった．指導教官のS先生は「無理しないでください」と温かく見守ってくださった．2年後の春，おかげさまで医学部卒業者として東工大初の情報工学系学位「博士（学術）」を授与された．

以前ほどではないにしろ，少しずつ飲酒も復活した．深酒はしないがたしなむ程度である．その後，数編の論文作成に関わり，研究生活も一段落してよいと思うようになった．以前のように，インターネットの技術開発の先頭に立って行う必要がないほど携帯電話の発達はすさまじく，インターネットそのものの技術（伝送技術やルーティングに関すること）の研究開発は新規性がないと感じ出し

ていたこともあり，潮時と思った．2011年，情報通信研究機構を退職した．

　一番やりたかったのは健診だった．知人が理事長を務めていた健診機関に再就職，かの佐久総合病院の故若月俊一先生も大好きでらした「健診バスは今日も行く〜」生活を始めることができた．健診機関の医師として健診や，健診の精度管理などに携わる中で，健診の顧客である会社側とはどのようなものか，産業医ならこんなに悪い肝機能になる前にできることがあるのではないかと感じた．ポスティングに応募し，IT企業の専属産業医（企業に雇われて社員の健康管理をはじめとする産業衛生業務を総括する医師）のポジションを得た．

　かつて，「なぜこのシステムがうまく動かないのか？」と難問をつきつけ，現場の技術者を困らせることもいとわずに無理を強いていた私が，今や全く逆の立場となり「わが社の社員を，無理な高密度労働させるような不良顧客とのトラブルに巻き込んで，メンタルリスクを高めるべきではない」ということを言うようになった．

　また，ぐっしゃぐっしゃの居室に対し，たまには研究室を掃除しろと言われることしばしだった自分が，1か月に1回全館を産業医巡視し，「そこのラックのわたり線は危険なので撤去してください」という立場になったのである．本当に「あんただけには言われとうない！」と友人全員から言われることは十分承知，食べていくための方便である．許してほしい．

　そうして，会社勤めとなったこの身だが，出社時間は朝8時半定時である．起床後，血糖値測定，インシュリン注射，髭剃り，朝食，着替えをこなして電車に乗らねばならぬ．そのために毎朝，同じ時間に起きなければならない．同じ時間に起きるために，毎晩ほぼ同じ時間（23時から0時）には寝なければならない．最初，この生活を始めたときは，「こんなもの，いつまで続くのだろう…」くらいに思っていたが，半年もたたないうちに「ということで，定時出社が基本です．FLEXは生活リズムを乱すのでやめてくださ

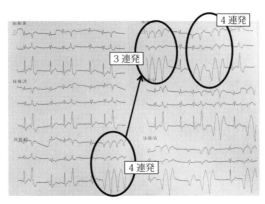

図 2.7　Dr.N 運動直後の心電図

い」などと言ってしまっていた．くれぐれも申し上げますが，これも社員の方たちを思っての愛がゆえである．

　こうして 3 年たったある日，少し飲みすぎてしまった．同僚によればジョッキ 6 杯はいっていたとのこと，明らかに度が過ぎた．いつものように帰りの電車に乗ったところ，気持ちが悪くなった．「なんだろう．ドキドキする」．脈が飛んでいるのだ．不整脈には心房性と心室性があるが，脈をとっただけではわからない．しかし，はっきりとした自覚症状（胸を揺さぶられるような感じ）から，明らかに期外収縮であるとわかった．

　大学時代の同級生の T 先生が循環器内科部長をしている病院に駆け込み，心電図を撮った．やはり，心室性期外収縮．それほど多発しているわけではないが，念のため抗不整脈薬を開始．その後，一時的に症状が軽快してきたので，アルバイト先の病院で階段を 4 階まで上り下りして（ちょっと重すぎたかと思ったが，ほぼ問題なく歩けていたこともあって油断した），その直後に心電図を取ってもらったのが図 2.7 である．

　最初，通常の収縮が 2 回あって心室性期外収縮が一発という「三段脈」と言われる状態だったものが，突如，のこぎり状の波に．このこぎり状の波のままだったら，私はこの原稿を書くことはもちろんできていない．これは，心室頻拍と呼ばれている．心臓が

痙攣しているのである.

Dr.Y（八尾氏）による2.4節をご覧いただきたいが，心筋梗塞後，何年かたってくると梗塞した心筋は，①梗塞を起こさなかった正常な部分，②瘢痕（死滅した細胞が線維組織に置き換わったもので，電気的には単なる絶縁体，③生き残った細胞と死滅した細胞の二種類が混在し，電気を通したり通さなかったりする部分，の三つとなる．問題は③の領域に一種の「短絡回路」や「遅延伝導路」が形成されて，心臓を動かす電気信号を乱したり，異なる伝導を生み出したりする場合がある．これが心室頻拍の原因である.

心室頻拍を起こしているとき，心臓は本来のポンプ機能を果たせなくなる．最終的に心室細動という心臓が痙攣した状態に陥り，血圧が下がるのである．血圧低下が著しい場合は意識を失い，そのまま痙攣が止まらなかった場合，患者は死亡する．これをリセットするのがAEDであり，強制的に直流電流を流して，この異常な電流を断ち切ることによって（後は神様にお願いして）心拍の再開を期待するのだ.

偶然，無謀なトライアルで自分が重篤な不整脈を持っていることが判明した．極力心拍数を上げない方向にする必要からβブロッカーを開始することとなったのだった．まさに九死に一生．何も知らなければ階段を上ってそのままあの世行きだったのである.

さらにDr.Nの受難は続く．心筋梗塞後，順調に回復してゴルフも再開していたが，今回のことですべて中止．彼は少しずつストレスをため，間食に手を出すことになる．80 kgほどだった体重が少しずつ増えた．定期健康診断を受け，2，3日たった時，同僚の保健師が，「先生！ パニック値です．ヘモグロビンA1cの値が9.4[16]です！」と．今度は糖尿病が悪化したのである.

今回のような危険な不整脈の場合，できるだけ早期に心臓カテーテルを用いて諸悪の根源の③の心筋を焼灼（アブレーション）す

---

[16]　血糖値コントロール指標：正常値6.2% 以下である.

ることで不整脈の危険を治療する（Dr.Yはアブレーションの名医である）が，糖尿病が増悪しているときや，生命の危険のある緊急を除いてこの手技は行うことができない．感染症などの合併症の危険があるためである．

かくして患者Dr.Nは，まず糖尿病の治療を強化する必要が生じたのである．彼は糖尿病が専門のDr.S（坂口氏）に相談．「すぐインシュリンを行ってもらってください」．一日2回の血糖値測定と，朝1回のインシュリン注射を開始することになった．不整脈は当面，βブロッカーで心拍数を上げないようにしつつ，インシュリンでの糖尿病の状態の改善を待ってアブレーションを行うという道筋になったのである．

ここから先は，一般の患者さんと少し異なる．実験的に，血糖値を計測してDr.Sに報告することが日課となった．それから約半年後，ヘモグロビンA1cも落ち着いて6台前半となったため，Dr.Yが「やりましょう！」と言ってくれて手術を受けることとなった．

私が医師となった1988年ごろ，循環器内科ではカラードップラー診断装置が実用化され，それまで聴診と心臓カテーテル検査での造影に頼っていた心臓内の血流が「見える」ようになり，僧房弁閉鎖不全症などの診断が初心者の駆け出し循環器科医師でも行えるようになっていた．約20年後，心筋梗塞を起こした私は，2000年以降，急速に発達した「ステント」で冠動脈を治療してもらうことができた．その5年後，後輩のDr.Yの手によって最先端のアブレーション治療をしてもらうことになったのである．

その昔，20世紀末のアブレーションはX線透視下で心臓内に焼灼用カテーテルを挿入（2次元である），カテーテルの先端が心臓の脈動時にどのように動くかなどの情報で，どこに先端があるかを「神業」で推定しながら焼灼するという大変リスクの高いものであった．手術台から，私は自分の心臓内にカテーテルが挿入されていくのを見ていた．「あっ．そこ触ったら…」と，私が言った瞬間，ババーンと．僧房筋にカテーテルの先端が当たって心室性期外収縮

が起きたのである．自分の心臓にあんなものが入っている…，としか言いようがなかった．

　ほとんど技術の発達を知らなかった私は，Dr.Y に「破れても文句いわへんから」と，半ばあの世行きを覚悟して言った．「大丈夫です．マッピングしてきっちりやりますから！」彼の言葉は励ましだろうと思っていた．

　ところが，である．手術台で事態の進行を眺めていて私は仰天した．彼は心臓内に超音波カテーテルを挿入し，私の心臓を「見ながら」カテーテルを操作したのである．さらに，その超音波画像と位置情報が記録できるカテーテルの組合せで，コンピュータ上に私の心臓が描き出され，不整脈までもが「見える」ようになっていた．

　名手 Dr.Y はカテーテルを駆使して 100 か所以上のポイントで心電図を計測，焼灼ポイントを決め，何と 36 か所もの焼灼を行ってくれた．

　「先輩，まだちょっと焼き足りないところもないわけじゃないんですけど，やりすぎると正常な心筋を相当に焼いてしまいます．心機能（心臓のポンプ機能）が低下するなどの問題がでるといけませんので，これくらいにしておきます」．

　無事にアブレーションは終了した．かくして，今回も何とか延命することができたのである．彼らには感謝の言葉もない．

2.2.6　IT 技術者の生存時間を改善するために

　このように，心筋梗塞，不整脈，脳梗塞，くも膜下出血，消化性潰瘍など，IT 技術者の諸兄が経験しそう，かつ命に関わる疾患は少なくない．それぞれの疾患や病態によって患者として取るべき行動，頼るべき運など，生存のための条件はさまざまである．しかし本節で述べてきたように，生存に結びつくことは，単なる偶然ばかりではなく，「助かる」ためには必要条件と十分条件がある．

　自虐ネタが過ぎたが，最先端の医療技術は 2.1.1 項で示したように，「少なくとも心カテ（心臓カテーテル）台に患者が乗れば，あ

らゆる手段を駆使して生存への最善を尽くせる」レベルに達しており，心臓循環器系での死亡率を著減させるほどである．

しかし，救急車が来ても周辺の施設が処置中で，自分の処置を待たねばならないことや，遠い施設まで運んでもらわなければならないことも少なくない．そうこうしているうちに，致死性の不整脈を発症して亡くなる場合は，心カテのテクニックがいかに向上しても救うことはできない．

今回の私のように，「普通ではあり得ない幸運」に恵まれることはむしろまれだろう．もしもの時の生存確率を高めるために「経験者として」重要な点を以下にまとめておこう．

① 初期の変化を感じることが最も大切

私が胸の痛みを食あたりだと思って"救出"を要請しなかったら，父の通常とは異なった息苦しそうな呼吸の状態を母がそのままにしていたら，あるいは深酒したからドキドキするんだと私が不整脈に気づかなかったら，いずれも適切な診断にたどり着けなかった可能性がある．「通常と異なる」は初期症状として重要なサインである．

私の場合は，たまたま症状が派手でわかりやすい症状であり，知識があり，まれな幸運に恵まれたために，適切な治療に早くたどり着けたにすぎない．そして，初期の変化を見逃さなかった私の母は，いつも父の状態をよく見ていたから異変に気づき，酸素飽和度 SaO_2 計測器まで使って医師である私の判断を引き出したのである．

② なりふり構わず人に頼る

そのままトイレで逡巡し，冷たくなって発見されるなんてことはあってはならない．幸いトイレ内には非常を知らせるベルもついている．経験したことのない症状を感じたら，迷わず助けを呼ぶべきである．

会社ではどうだろう？　会議中，急に腹痛がきて冷や汗が出てきても，「大丈夫だから」と言ってしまうのではないだろうか．オオカミ少年になっても構わない．腹をくくって，助けを呼んで，なりふり構わず人に頼ろう．

③ サーバールームには一人で行かせるな！
―― 一人作業の限度は 5 分

仲間が，サーバールームで作業している．5 分たっても帰ってこない．予定ではマシンの様子を見に行っていることになっている．「まさか」と思っても様子を見に行くべきである．サーバールームの照明が消えていたら点灯して中に入ろう．「だいじょうぶ？」，「うん」だけでいい．5 分は大変厳しいと思われるかもしれないが，サーバールームで彼の体に“異変”が起きたとき，5 分たって帰ってこない彼に気づき，駆けつけてすぐに彼を発見したとしても，図2.8 に示すように心肺停止だった場合の彼の救命率は 10% に満たない[17]．

IT 技術者は深夜のサーバールームで作業することも少なくない．稼働時間外にシステム改変やリプレースなどの作業を要求されることも少なくないからである．また，24 時間 365 日の安定稼働を指定された場合，リスクの高い深夜の監視，運用業務は，睡眠障害を引き起こしやすいばかりでなく，肥満，耐糖能異常など，さまざまな生活習慣病のもととなることは 2.1 節で Dr.N が当直勤務でボロボロになったのと同じである．

そればかりでなく，マニュアルを整備しきれないような監視業務（未知の現象に対する対処を求められる場合もある）は，肉体ばかりでなく精神にも不安を起こしやすく，リスクが高い．社員にとってマニュアルやルールは地図である．未知の事象や自分が理解でき

---

[17] http://www.acls.jp/images/img_graph_kyumei.gif
Circulation. 2000;102:I-60. (c) 2000 American Heart Association, Inc. Guidelines 2000 for Cardiopulmonary Resuscitation and Emergency Cardiovascular Care.

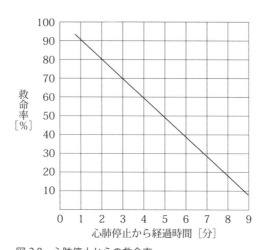

図 2.8 心肺停止からの救命率
出典：日本 ACLS 協会が公表している資料を基に作成
(http://www.acls.jp/ipn_bls_date.php)

ていない事象に対処しなければならない時，唯一のよりどころであるからである．24 時間 365 日の監視を行うような作業を命じる場合，彼らを地図なく森に放つようなことは決してしてはならない．

例えば，午前 2 時ごろ，海外からの不正アクセスを知らせるサイレンがけたたましく鳴る．上位のセンターに問い合わせようか．マニュアルはない．隣の席にいる"一緒に当直勤務している"ハズの彼は別のプロジェクトの要員であって，自分の業務内容については何も知らない．サイレンを早く止めてほしいと彼らの顔に書いてある．「どうもすみません」と，サイレンの電源だけを落としてパトライトは回りっぱなし．朝まで不安．翌朝報告．「どうして知らせなかったの？」．落胆する．と，こんなことが続いたら，普通の人間はもつはずがない．

④ 月曜朝の出勤状況に気をつけよう

疲労がたまってくると毎日の疲れが蓄積し，週末あるいは土日の両日寝ることによって体力を回復し，月曜の朝に何とか出てくる状態になる．いつも定時に出勤してくる彼が眠そうな顔で電車一本分

(5〜10分)遅刻する．これは疲労蓄積の重要なサインである．

⑤ 日々の生活を規則正しく同じように送ろう

ゆうべ，SNSで盛り上がって午前2時に寝た．今日は同僚と飲みに行ったので11時に帰宅し，午前1時に寝た．今週は産業医から言われていた午後11時就寝が1回も守れていない．昼間の会議で落ちた——これは単なる睡眠不足である．残業のせいではない．しかし「昨日の夕食もコンビニ弁当，今日もコンビニ弁当」はもちろん厳禁である．食生活は楽しく，毎日体重計に乗ろう．

2.2.7 まとめ

では，ITは病態を察知したり，救命へのアプローチを可能にするようになるだろうか．

残念ながら21世紀になっても，いまだ医療の原則を覆すような技術が出現しているとは言い難い．しかし，私の経験したように，人を救うための技術は間違いなく進歩している．治療を受ける患者の負担も，手技の安全性も，飛躍的に向上しているのである．患者が感じても機械では感知できない初期の変化の部分や，ちょっとした感性の部分（これが人間の本質だが，機械で置き換えるにはコストと時間がかかるだろう）を人間が補えば，その恩恵は十二分に享受できるのではないだろうか．

2.3 代謝性疾患

2.3.1 食生活と体重

健診などで体重の増減の多い人（増加ばかりではなく，減少した方もいる）に，健診医として聞かねばならないことは，「昨年の健診を受けてから，食習慣を変更しましたか？」ということである．

食習慣をそれほど変更していないにもかかわらず，体重が減少するということは，①基礎代謝の増加（甲状腺ホルモンの過剰分泌など），②糖尿病の悪化，③悪性腫瘍，④食欲不振，⑤その他の体重減少を伴う疾患などの可能性を考えなければならないからである．

幸いにして，「はい，少し太り気味だったので，食習慣を改善しました」という人，「現在，○○ダイエット実行中です」という人，「間食をやめました」という人などさまざまである．昨年体重が少しオーバー気味（168 cm，78 kg ぐらいの男性）で血圧が150/90 mmHg 前後だった人が73 kg ぐらいの体重になり（1年で約5 kg の減量に成功），血圧，コレステロール値，糖尿病指標のHbA1c（ヘモグロビンエーワンシー）が正常化することはめずらしくない．

では，体重を減らせばいいのだろうか？

当研究所で減量の話をすると，「それって，本当に減量しないといけないほどの肥満じゃないと思います」とつっこまれる．確かに，過度の減食は各種栄養欠乏やストレス過多によって，かえってリバウンドを招きやすいし，何より体力そのものを奪うので風邪を引きやすくなる（皮下脂肪の減少によるものか？）など，副作用もある．「減量」は，やればいいというものではなさそうだ．

代謝性疾患と動脈硬化

代謝（新陳代謝）とは，生体が生命維持のために外界から得た食物からエネルギーを得る（異化），物質を合成する（同化），という一連の化学反応のことをいう．

代謝疾患とは，遺伝的素因や生活習慣による代謝異常が原因となる全身性疾患である．具体的には，血糖値が高くなる糖尿病や肥満，脂肪肝，脂質異常症，高尿酸血症などの生活習慣病である．これらの疾患は動脈硬化を引き起こし，心血管疾患（心筋梗塞，狭心症），脳血管障害（脳梗塞）などの原因となる．

一般的に動脈硬化とは粥状動脈硬化を指し，お粥のような成分

（粥腫＝コレステロール，脂肪）が血管に沈着して次第に血管が細くなる現象である．健康な血管では血管に余分なものは付着しないが，生活習慣病では血管内皮の機能が低下し，血管内皮に白血球が付着し炎症を引き起こす．この炎症によりコレステロール等が沈着する（動脈硬化）．動脈硬化が進行し血管内腔が狭まると，血流低下が臓器障害を引き起こすことになる．それに加えて粥腫が破綻し，急な血栓形成が生じると，急性心筋梗塞などの致死的イベントを発症する原因となる．

このような動脈硬化は発症の20～30年前に始まると言われている．実際，ベトナム戦争での戦死者を解剖したところ，20代でも粥状動脈硬化が認められている．それでも，20代では高血圧や糖尿病の罹患はほとんど見られない．過食，運動不足，寝不足などの悪い生活習慣が内蔵肥満を引き起こすのである．内臓脂肪の増加は，脂肪細胞の数には変化を与えない．脂肪の蓄積が過剰となると，脂肪細胞は全身に悪影響を与えるホルモン，サイトカインを分泌する．これらはインスリン抵抗性（インスリンの効きが悪くなること）により高血圧，糖尿病，脂質異常症などの生活習慣病を引き起こす．

メタボリック症候群（MetS）

現在では内臓肥満をメタボリックシンドローム（MetS）という疾患概念として扱っている．内臓脂肪蓄積（ウエスト：男性は85 cm以上，女性は90 cm以上）に加えて，①血圧130/85 mmHg以上，②耐糖能異常（空腹時の血糖値110 mg/dl以上），③脂質異常（中性脂肪150 mg/dl以上，もしくはHDLコレステロール40 mg/dl未満）のうち二つ以上有するものがMetSと診断される．ウエストは基準以下でMetSと診断されなくても，①～③の複数の異常があれば内臓肥満の可能性が高いので注意が必要である．

生活習慣病の疾患（表現型）は異なっても，もとは同じ原因となっている．これらの疾患群がドミノ倒しのように進行することで，

脳卒中，心不全，下肢切断，透析などの重篤な状態にまで至ることとなる（メタボリックドミノ）．したがって，糖尿病と診断されるまで放置するのではなく，メタボリックドミノが進まないような生活習慣を心がけることが重要となる．

糖尿病

　ヒトの血糖値（ブドウ糖濃度）は 100 mg/dl 前後に厳密に制御されている．これは，脳のエネルギー供給にはブドウ糖を必須とするからである．血糖値が極端に低下すれば意識消失，長時間持続すれば死に至る．一方，血糖値が上昇することでたんぱく質の機能不全や蓄積が起きるほか，血管に炎症を引き起こすことで合併症が発症する．この血糖値は，膵臓の α 細胞から分泌されるグルカゴン（血糖値を上げる）と β 細胞から分泌されるインスリン（血糖値を下げる）の二つのホルモンが適切に分泌されることで，一定範囲内にコントロールされている．

　わが国では糖尿病有病者 950 万人，糖尿病予備軍 1100 万人（2012 年）と推計されている．糖尿病には 1 型，2 型とその他の原因に分類されるが，患者の 95 % 以上は生活習慣と関係の深い 2 型糖尿病である．1 型糖尿病は膵 β 細胞のみが急速に破壊され，終生インスリン補充が必要な状態である．これに対して 2 型糖尿病は，インスリン抵抗性と膵 β 細胞の疲弊から徐々に細胞数が減少して発症する疾患である．つまり，2 型糖尿病を発症するまでには糖尿病予備軍の状態から年単位で進行し，発症する．実際，糖尿病と診断される 10 年ほど前からインスリン分泌異常は認められており，糖尿病の時点で膵 β 細胞は大半が失われている．したがって，糖尿病の治療は β 細胞が失われてから行うのではなく，糖尿病予備軍の時点から介入するのが望ましい．

2.3.2　なぜ糖尿病は怖い病気なのか？

　糖尿病の合併症は，「微小血管障害」と「大血管障害」の二つに大別される．微小血管障害は糖尿病に特徴的であり，「三大合併症」と呼ばれている．すなわち，腎症，網膜症，神経症である．これらは人工透析，失明など，生活の質を大きく損なうものである．また高血圧，脂質異常症などの他の生活習慣病を高率に合併しており，生命に関わる大血管障害（脳梗塞，心筋梗塞など）も発症しやすい．さらに，免疫力低下により感染症が重症化しやすいこと，癌の発症率が増加することも知られている．

微小血管障害

　腎症はわが国での透析導入原因の第1位であり，2014年には1万5809人が人工透析に至っている．当初は無症状であり，通常の尿検査では検出できないレベルの蛋白尿（微量アルブミン尿）から始まる．この段階では治療により改善の可能性もある．いったん，蛋白尿が持続する状態（顕性蛋白尿）に至ると，将来的に末期腎不全となることが不可避となる．この段階では，透析導入時期をいかに遅らせるかが治療目標となる．

　導入の平均年齢は67歳であるが，糖尿病，高血圧のコントロール不良の場合，40代で透析となる例もあるので注意が必要である．最終的には腎代替療法が必要となる．この場合，血液透析，腹膜透析，腎移植から治療選択することとなる（しなければ尿毒症で確実に死亡する）．現実的には，移植ドナー不足や自己管理の手間などから血液透析が選択されることがほとんどである（97%）．血液透析を1回4～5時間，週3回の治療を終生行うこととなる．時間的な制約が多くなり，残業業務や宿泊を伴う出張などにも制限が生ずる．

　網膜症は，毎年3000人以上が失明となる合併症である．眼の網膜（カメラのCCDに相当）が血行障害により虚血状態となり，

その状態を改善するために病的な新生血管ができる．この血管は脆弱であり，容易に出血して眼の機能障害をきたす．眼底出血や緑内障などの原因となり失明につながるのである．ただし，相当進行しないと自覚症状は出現しないため，定期的な眼科受診が必要となる．ちなみに，人の視覚情報は脳で補正されており，少々の視野欠損は自覚されない（例：元画像は網膜上の毛細血管が多数見えているが，自動的に脳で消されており自覚できない）．このため視野欠損，視力低下の自覚された時点ですでに補正不能な状態であるため，網膜症が相当進行していることが多い（同様に緑内障の視野障害も自覚しにくい）．

網膜症の治療としては，虚血状態を改善するために，視力に影響を与えない周辺部の網膜をレーザーで焼く「光凝固療法」がある（網膜細胞を間引きすることで酸素使用量を減らす）．眼底出血や網膜剝離に対しては，眼球に対する手術（硝子体手術）を行う．近年では，新生血管を作らせないよう VEGF（血管内皮細胞増殖因子）阻害薬の眼球内注射も行われている．ただし，どの治療も高額（10〜数十万円）であり，自己負担額もかなり大きい．

糖尿病神経障害は直接的には目立たない合併症であるが，最も QOL（quality of life：生活の質）を低下させるものとなる．末梢神経障害では不快なしびれ，痛みの原因となるだけでなく，感覚鈍麻のために深爪の傷，足白癬の感染対応が遅れる一因となる．このため糖尿病足壊疽から足趾，下肢切断に至ることも多い．また自立神経障害では，立ちくらみのため失神，転倒のリスクが高くなることや，頑固な便秘，排尿障害，インポテンツなどをきたす原因となる．

大血管障害

糖尿病が動脈硬化に与える影響は極めて大きく，ミリ単位の血管の狭窄，閉塞は臓器レベルでの機能不全をもたらす．脳血管では脳梗塞，心臓では虚血性心疾患（狭心症，心筋梗塞），下肢では PAD

（末梢動脈疾患）である．薬物療法やカテーテル治療などで治療介入を行うことも重要であるが，禁煙を含めた生活習慣の改善も重要である．

運動療法を行う場合，虚血性心疾患（狭心症）が疑われる場合，循環器内科での評価が必須となる（ジョギング中の死亡例もある）．

悪性腫瘍

糖尿病の死因第1位は「がん」である．近年，糖尿病の治療，血管障害の治療は改善され，死亡率は低下しているのに対し，「がん」による死亡が増加している．非糖尿病患者に比べて数十％程度，発症リスクが高いことが知られている．インスリンは血糖値を下げるだけでなく，成長ホルモンのような作用もある．インスリン過多はがん細胞を増殖させる可能性がある．実際，インスリン抵抗性改善薬投与により大腸がんが減少する．また膵がんは，空腹時血糖値の上昇に伴って発症リスクが上昇する．さらに肝臓がんは，非糖尿病患者に比べて2.5倍の発症リスクと極めて高いが，これは糖尿病患者では脂肪肝の合併が多く，脂肪肝の中にNASH（脂肪性肝炎）の患者が含まれるからと考えられる．

脂肪肝（NFLAD ＝ NASH ＋ NAFL）

メタボリックシンドロームの肝臓での表現型として，非アルコール性脂肪肝疾患（NAFLD）がある．肥満，運動不足などで容易に肝臓に脂肪が蓄積するが，肝硬変，肝がんへの進展リスクが高いものは脂肪肝炎（NASH），低いものはNAFL（非アルコール性脂肪肝）に分類される．国内では1000〜2000万人のNAFLD患者が存在し，その10〜20％がNASHに罹患していると考えられている．NASHの病因として，炎症性サイトカインの関与などが考えられており，糖尿病患者はNASHのリスクがある．また糖尿病患者で肝がんが多い原因としてNASHの合併が考えられている．

脂質異常症

脂質は,「コレステロール」と「中性脂肪（TG）」に大別される. コレステロールは, その比重でさらに分類される. 末梢からコレステロールを輸送する HDL コレステロール（HDL-C：善玉コレステロール）と, その他 non-HDL コレステロールである. 現状では, non-HDL コレステロールのうち LDL コレステロール（LDL-C：悪玉コレステロール）が治療ターゲットとされている.

LDL-C は直接的に動脈硬化の原因とはならないが, いったん LDL-C が酸化されて酸化 LDL となると, マクロファージ（白血球の一種）に取り込まれ, 動脈硬化巣を形成する. 糖尿病や MetS などのインスリン抵抗性の状態では, 小型の LDL-C である small dence LDL（sd-LDL：超悪玉コレステロール）が増加する. これは血管壁に侵入しやすく, 動脈硬化は進行する. また, 中性脂肪と LDL-C のサイズは反比例するが, 中性脂肪も動脈硬化のリスクとなる. さらに, リポ蛋白（コレステロール, 中性脂肪, たんぱく質の複合体）の分解産物であるレムナント様リポ蛋白（RLP-C：超々悪玉コレステロール）は酸化のプロセスなしにマクロファージに直接取り込まれるため, 動脈硬化が進行しやすい. 実際, 糖尿病状態では RLP-C が高値である.

現在, 治療としては LDL-C を低下させることで酸化 LDL, RLP-C を減少させる. LDL-C の低下目標は糖尿病や虚血性心疾患など, リスク階層により異なる. コレステロールは食事よりも肝臓での合成が多い. このため薬物療法が主となる. また, 食後の高中性脂肪血症が動脈硬化リスクとなるが, 薬物療法に加えて糖尿病の血糖値改善, 食事改善, 減量, 禁酒などの生活習慣改善を行う必要がある.

慢性腎臓病（CKD）

従来, 腎機能低下や尿所見異常（蛋白尿）は将来の透析リスクのみと考えられてきた. 近年, 腎機能低下, 尿所見異常は強力な動脈

硬化リスクであることが明らかとなっている．このため，原疾患
（原因疾患）に関係なく腎機能低下，尿所見異常の持続，腎の形態
異常があれば，慢性腎臓病（CKD）と診断される．

　血管の石灰化が進行しやすく，動脈硬化のハイリスクとなるた
め，健診で異常を指摘された際には原疾患の精査および，全身の
動脈硬化病変を評価すべきである．CKD stage3（軽度腎機能低下）
以上の該当者は 1300 万人前後と推計されており，決して少なく
ない．

高尿酸血症（痛風）

　プリン体が代謝されて尿酸が産生されるが，尿酸濃度が高値とな
ると足趾末端に尿酸の結晶ができ，炎症を起こす．これが痛風発作
である．痛風発作はなくとも高尿酸血症は細胞内の酸化ストレスと
なり，動脈硬化リスクを上昇させる．また，腎内で尿酸血症が沈着
した場合，痛風腎を発症して腎機能低下の原因となる．MetS では
尿への排泄が低下するため，高尿酸血症を合併しやすい．

　治療としては，プリン体の摂取を制限することと，薬物療法で肝
臓での合成を抑制，もしくは尿への排泄促進剤を用いることの二つ
がある．

閉塞型睡眠時無呼吸症候群（OSAS）

　肥満による気道周囲の脂肪沈着や，飲酒後の筋肉の緊張低下によ
り睡眠時に気道が閉塞することで無呼吸が出現する．無呼吸が 10
秒から分単位と長時間となることで低酸素状態をきたす．日中の
眠気，作業効率低下をもたらすほか，自動車の運転では事故の原因
となりうる．また，突然死リスクの増加や，糖尿病発症リスクの増
加，難治性高血圧の原因にもなる．根本治療は減量であるが，改善
できない場合，就寝時に「nasal CPAP」という装置を装着し，無
呼吸時に強制換気を行うことで低酸素状態の改善を行う．

高血圧

日本人の約70%は塩分感受性があり，塩分摂取により高血圧をきたしやすい．年齢を経るごとに血圧は上昇し，40歳以上の半数は高血圧を認めている．自覚症状に乏しい疾患であるが，罹病期間も長くなる傾向があるため，動脈硬化の大きな原因となる．減量，禁煙，塩分制限などで改善可能な場合もあるが，現実的には薬物療法を必要とすることが多い．

一般的には本態性高血圧が大半であるが，まれにホルモン異常による二次性高血圧も認められる．二次性高血圧の場合，原疾患の治療が必要であり，若年発症の高血圧などは鑑別のため精査が必要となる．

歯周病

糖尿病状態では免疫力低下により，易感染（感染しやすい）状態となるため歯周病も悪化しやすい．また逆に歯周病による炎症が全身の動脈硬化を進行させ，インスリン抵抗性を引き起こすことで糖尿病のコントロールを悪化させることが知られている．このため，糖尿病患者では定期的な歯科受診が必要となる．

アルコール類

アルコール，タバコは嗜好品としてメジャーなものである．長期間の摂取は動脈硬化をきたす大きな一因となる．

アルコールは糖質等と比較すると体重増加をきたさないが，高TG血症，アルコール性肝障害をきたす．高TG血症状態は動脈硬化のリスクとなり，アルコール性肝障害は進行すれば肝硬変，肝がんに至ることとなる．糖尿病患者の場合，血糖コントロールが安定していて，肝疾患がなく，高TG血症がない場合のみアルコール摂取を許可している．

喫煙

喫煙はがん（肺がん，食道がんなど）を増加させるだけでなく，慢性閉塞性肺疾患（COPD）や動脈硬化の原因となる．COPDは，進行すれば息切れだけでなく酸素吸入を常時必要とする場合もある．喫煙は脂質代謝を悪化させるだけでなく，血管内皮を障害し，酸化ストレスを増やす．LDL-Cが酸化され，酸化LDLとなり動脈硬化巣に沈着する．さらにニコチンの作用で血栓の形成を促進することで動脈硬化が進行する．

また喫煙によりストレスホルモン（アドレナリン）の分泌を増やすことで，高血圧，血糖値上昇を招くだけでなく，脂肪細胞にも悪影響を与えインスリン抵抗性を高める．つまり喫煙はメタボリックシンドロームそのものを悪化させる原因となる．

したがって代謝性疾患がある場合，禁煙は生活習慣の改善として重要な位置を占める．しかし禁煙は容易でない場合も多く，ニコチン依存症となれば本人の意思のみでは治療が困難である．近年ではニコチン製剤よりもより効果的な薬剤が使用できるようになっており，禁煙外来の利用も良い方法となっている．

2.3.3 どのような検査を受ければいいのか？

下記検査で異常が認められれば，精査，治療が必要となる．

血圧 ：家庭血圧の測定
採血検査 ：肝機能，脂質，腎機能，血糖値，**HbA1c**
　　　　　75 g 経口糖負荷試験（空腹時～糖負荷後 2 時間）
腹部エコー：（脂肪肝のチェック，腎のチェック）

（動脈硬化評価）
心電図，心エコー
血圧脈波検査（**ABI/PWV**）
頸動脈エコー
眼底検査

合併症予防のための治療方針

糖尿病の合併症防止，進展予防のためには血糖値の改善だけでは不十分である．脂質異常，血圧，肥満など，さまざまな面での改善が必要となる．治療の3本柱は食事療法，運動療法，薬物療法である．血糖値の指標として1～2か月の血糖値の平均値を反映するHbA1cが用いられており，合併症予防として7%以下を目標値とする．

食事療法

食事療法の原則は，適正体重を維持するための量を摂取することである．その必要量は標準体重とその身体活動性によって決定される．摂取した食物の95%以上は吸収され，カロリーとして消費されずに体外に排出されることはない（例外：高血糖時，尿に糖が排出される）．したがって，食べすぎれば炭水化物であろうがたんぱく質であろうが脂肪に変換され，蓄積することになる．逆に，食事量を制限すれば体内に蓄積した脂肪が消費されることとなる．

内臓脂肪の減少はインスリン抵抗性等を改善し，血糖値や脂質代謝の改善につながる．脂肪の減少は好ましいことであるが，体内ではエネルギー源である炭水化物が不足すると脂肪，筋肉由来のアミノ酸もエネルギー源として使用されるため，筋肉の減少も起こりうる．したがって，食事制限下では筋肉減少を予防するための運動が必要となる．

血糖値の上昇は炭水化物の吸収によるものである．摂取量を減らせば血糖値の上昇は抑えられるが，脂質，たんぱく質が相対的に増えるので脂質代謝などが悪化する可能性もあり，一般的には摂取カロリーの50～60%前後と考えられている（糖質制限に関してはp.78「低炭水化物ダイエット」の項目を参照）．また吸収量は同じあっても血糖値のピークが低いほうが膵β細胞の負担は少なく，動脈硬化も抑えられる．野菜や繊維質を先に摂取することで，炭水化物の吸収速度は緩やかにできる．砂糖，果糖ブドウ糖液糖などの

単糖類，二糖類は急激な血糖上昇を招くので，ある程度の制限は必要と考えられている．

　脂質に関しても，量だけでなく，その種類によって代謝に影響を与えることが知られている．飽和脂肪酸（動物性脂肪）よりも不飽和脂肪酸（魚類，植物性脂肪酸），その中でも特にn-3脂肪酸（青背の魚，亜麻仁油など）のほうが代謝には望ましいと考えられているので，肉類だけではなく，魚類の摂取も必要である．またマーガリン等に含まれるトランス飽和脂肪酸は，酸化LDLを増加，HDL-Cを減少させるため，動脈硬化のリスクとなる．これは天然でも少量存在するが，水素添加した油に多く含まれている．これも各国で制限する方向となっている．現在ではトランス飽和脂肪酸の少ない油が生産されるようになってきているが，日本では表示基準はない．

　たんぱく質に関しては，多量の摂取は高齢者で腎機能が低下している人の例では腎機能低下を招くことが知られている．また，たんぱく質を多量に摂取しても筋肉量が増えるわけではない（増やすためには運動が必要）．このため，糖尿病の食事療法では総カロリーの20％以下とされている．

　ただし，食事療法を理性的には理解できても，現実的には（就業していればなおさら）食事療法を三食とも行うことは困難である．また，食欲は基本的欲求であるため，満足感が得られない食事では治療継続は困難である．

運動療法

　運動療法は糖尿病だけでなく，生活習慣病全般にとって極めて重要である．筋肉は基礎代謝の内の40％程度を消費しており，運動不足，栄養不足となれば筋肉量が減少し，基礎代謝は低下する．逆に運動を継続的に行うことで筋肉量は増加し基礎代謝は増加する．このため痩せやすい体となる．

　運動を行うことは，ブドウ糖の取り込み能力の改善，内臓脂肪，

筋肉内脂肪の減少をもたらし，インスリン抵抗性を改善する．これにより血糖値，脂質等改善がもたらされる．また糖尿病患者やうつ患者では，記憶等に関わる BDNF（脳由来神経栄養因子）の低下が報告されており，運動が BDNF を増やすことから脳機能の改善にも役立つ可能性がある．

薬物療法

薬物療法は食事療法，運動療法で十分な血糖値の改善が見込めない場合，もしくは行えない場合に行う．

血糖値を下げる（上がりにくくする）には，①食事の吸収を緩やかにする，②血糖値を下げるインスリンの分泌を促進する，③インスリンの効きをよくする，④糖を尿に捨てる．

近年では血糖コントロールだけでなく，膵 β 細胞機能の維持が重要視されるようになってきた．このため，膵 β 細胞機能の保持のため早期にインスリン注射を導入する場合や，食欲を抑えることの可能な薬剤（GLP-1 製剤）も使用できるようになった．

薬剤により血糖を下げることは可能であるが，食事療法ができていることが前提である．余計に食べるからインスリンを余計に打つ治療では，高インスリン血症により動脈硬化を余計進行させうる．余剰ブドウ糖を尿に捨てる薬剤（SGLUT-2 阻害薬）も使用できるようになり，治療の選択肢は増えている．

2.3.4 食生活変更による体重減少の原理

まずは基礎代謝

我々哺乳類は体温を 36〜37 度に保つことで，体内で起こるさまざまな酵素の化学反応を利用して「稼働」している．心臓は黄紋筋からなり，酸素と糖分を使って ATP（アデノシン三リン酸）を生成し，収縮している．これには至適温度 37 度（体温）を保つ必要がある（どのように発熱しているのかは生理学的には明らかではないと思うが）．この過程には糖分を代謝する際に得られる代謝

産物，ミトコンドリアの電子伝達系で ADP（アデノシン二リン酸）から ATP の高エネルギーリン酸結合を与える機構が関与している．難しいことはこれくらいにするが，要は，我々哺乳類は呼吸をし，体温を保つことで「生きて」いる．臥床していても，呼吸する限りエネルギーは消費し続けるのである．この「臥床していても消費するエネルギー量」を「基礎代謝」という．

エネルギー貯蔵

ミトコンドリアでの ATP 生成には「クエン酸サイクル」が関与する．通常，グルコース1分子は解糖系と呼ばれる代謝経路で代謝され，最終産物である α-KG（α ケトグルタミン酸）という生成物となり，これがミトコンドリアのクエン酸サイクルで代謝される過程で NADP という物質を生じ，電子伝達系で ADP→ATP の高エネルギー結合を生じることでエネルギーを生成している．

食事によって消化された糖分は肝臓の中ですぐに代謝され，ATP へと変換される一方，貯蔵される．貯蔵の方法は，グルコースにすぐに変換できるグリコーゲンとなる場合と，脂肪へと変換される場合がある．特に筋肉ではブドウ糖を樹状につなぎ合わせたグリコーゲンとして貯蔵され，運動によって ATP を大量に消費する時，結合を「ちぎるだけ」でブドウ糖を取り出すことが可能となる．

もう一つの貯蔵形態は脂肪にすることである．余ったブドウ糖はβ酸化という代謝経路に入り，脂肪酸となって体内の各種脂肪組織に運搬され蓄積される．

摂取した食物中に含まれた脂肪は膵液に含まれるリパーゼの作用で分解され，小腸上部で吸収され門脈を通じていったん肝細胞に蓄積され，上述のように体内の各種脂肪組織に運ばれて蓄積される．

体重の組成と運動

このように，食事によって摂取した食物は，最終的に貯蔵効率の良い「脂肪」となって貯蔵される．貯蔵された糖分（ブドウ糖やグ

リコーゲン）はすぐに「消費」される.

　脳や筋肉などの常に糖分を消費する器官は常に糖を補充される必要があり，肝細胞はそれら組織に，ある時は吸収したてのブドウ糖を，ある時は脂肪を分解して糖を「新生」することで供給する．このように，体内で何らかの糖消費（エネルギー消費）があった（糖が消費された）場合，肝細胞がやりくりしてブドウ糖として体内に送り出す．これが「血糖値」である.

　正しくは，血糖値が上昇することは本来，各種器官の糖要求に肝細胞をはじめとする各種器官が応じたものだが，ここでは説明上，このようにしておく．実際は糖要求が生じた場合，血糖値が下がるという「シグナル」を膵臓のラングハウス島 α 細胞などが"察知"し，グルカゴンというホルモン（シグナル蛋白）を分泌して各種細胞に"動員"をかけると，余剰となり血糖値が規定よりも上昇し，β 細胞がインスリンを分泌することで糖吸収などの作用を発揮させ，血糖値を下げるという機構で成り立っている.

　我々がものを考えたり，運動したりして脳や筋肉で糖要求が生じた場合，要求量が少なければ（恐らく分単位くらいか？），ローカルなグリコーゲンや自細胞中のブドウ糖の消費だけで賄われる．しかし，運動の強度が大きかったり，持続的に糖を必要とする場合，各種器官からの糖動員，肝細胞からの供給，肝細胞における脂肪分解による糖新生という形で供給されることとなる．そのため，短時間運動や強度の少ない運動では，糖のローカル消費だけで終わってしまい，脂肪は消費されない.

　運動処方において「有酸素運動」と言われるが，このような糖動員の機構を考えると，どのような運動であれ最終的には「エネルギーを消費する」のであり，たとえ「ものを考える」，「読書をする」などの活動であってもエネルギーを消費するため，糖を要求する．つまり人間は寝ていてもエネルギーを必要とするのである.

「体重をコントロール」するとは

前述のとおり，寝ていても消費するエネルギー要求量を「基礎代謝」と言い，運動等のエネルギー要求を伴う活動による消費量を「労作時エネルギー量」と言うが，この労作時消費量は，読書などの軽労作，歩く等の中労作などといった具合に，強度によって単位時間当りの要求量が異なる．厳密には，この要求量は酸素消費量，すなわちミトコンドリアで NADP が ATP に変換される時に酸素が必要であり，その違いで区別できるはずだが，結果として二酸化炭素を生じるため，呼気中の二酸化炭素量から計測できる．これらを一般化したのが労作強度指数である．最近では，基礎代謝と労作係数を合わせて活動指数として近似できる指数（活動指数）が用いられる．

概ね，①やや低い（1 日 1 kg 当り 22〜30 kcal），②立ち仕事が多い（30〜35 kcal），③高い（35〜40 kcal）が目安である．

IT 系の業務であれば，①やや低いとして（体重 73 kg とする），

$$73 \text{ kg} \times 26 \text{ kcal} = 1898 \text{ kcal}$$

つまり，約 1900 kcal が一日のエネルギー消費の目安となる．この値に比べて食事によって摂取するエネルギー量が少なければ体重は減少し，多ければ増加，同レベルであれば体重は変化しない．

このように，体重コントロールそのものはそれほど困難な話ではない．賢明な IT 技術者諸兄であれば達成できるのではないだろうか．

ダイエット

食事摂取量が過多の場合，体重は増加する．逆に消費量より少ない量だと体重は減少する．では雑誌の広告のように 1 週間で −5 kg というのはどういうものだろうか．実は脂肪（水分も含めて）1 kg を消費するには 7000 kcal 程度必要であり，何も食べなくとも 3，4 日分のエネルギーを供給可能である．したがって普通に食事をし

ているのに体重が減るということは，燃えないもの，水分や便が排泄されているだけではないかと考えられる．利尿剤や下剤でむくみや宿便が減れば脚も細くなり，ウエストも一時的に細くなるが，医学的に言えば脂肪を減少させたわけではない．ということは生活習慣病で言う減量（ダイエット）とは異なる．

また，脂肪が燃えているのだと業者が主張しても，脂肪が燃焼した場合，多量のケトン体（脂肪燃焼のゴミ）が排出されるが，なぜかケトン体の増加は示されない．食事中の脂肪の吸収を抑えるという話も聞くが，実際，腸管での脂肪の吸収を抑えると，油混じりの便となる．こうなると放屁するだけでも便混じりの腸液が漏れるのでオムツをしないと生活できないと聞く．我々が食事をすると，95% 前後は体内に吸収されてしまう．しかしながら，余った栄養は高血糖になれば若干，尿から排泄されるだけで，通常は体内に脂肪の形で保存される．運動もせず余分に赤身のステーキ 1 kg を食べたところで皮下脂肪に変換されて保存されるだけである．

というわけで，食事療法では必要な量以上を摂取する限り痩せない，というのは当り前のことである．そこで，食事をとりすぎないようにすることと，消費量を増やすことしかないことになる．かと言って食欲を我慢することは，なかなか困難である．食事に時間をかける，野菜から摂取する，睡眠不足を減らす，という至極まともな習慣が対応策となるが労働者にそれは難しい．では消費量を増やすべく運動を，ということとなっても，日頃忙しく，デスクワークのため筋力アップもままならないこととなる．

低炭水化物ダイエット

三大栄養素（炭水化物，脂質，たんぱく質）のうち血糖値を上昇させるのは炭水化物である．したがって，炭水化物をとらなければ血糖値は上昇しないという食事療法が流行している．この食事療法は血糖値だけではなく体重も減少するので良いという意見も多い．

カロリー制限を行わない場合，炭水化物を減らした代わりに相対

的に脂質，たんぱく質が増加する．メタボ，糖尿病の人の血糖値を上昇させない代わりに悪玉コレステロール LDL-C が増加することになる．インスリン抵抗性の状態では，超悪玉コレステロール sd-LDL-C が増加しやすい．このため動脈硬化が加速すると考えられる．肝臓でのグリコーゲン不足による運動耐応能低下や，脳の糖不足による無気力も問題となる．

　また，たんぱく質の摂取を増やしても，筋肉量が増えるわけではない（運動しないと増えない）．アミノ酸代謝産物も増加させる．アミノ酸トリプトファン代謝物であるインドキシル硫酸などは尿毒症物質であり，高齢者，腎機能低下例では腎機能に悪影響を与える．

　動脈硬化を悪化させる因子は血糖値だけではない．このため糖質制限食のメリット（内臓脂肪の減少＝メタボ改善）とデメリット（動脈硬化の進行）を天秤にかけて判断する必要がある．実際，糖質制限食では LDL-C の増加や動脈硬化進行例で死亡率が増加するという報告もある．また体重減少効果も，1 年たてば通常食との差がなくなっており，米国糖尿病学会で減量は三大栄養素の比率ではなく，総カロリーの制限によるとしている．

　体重減少，血糖値減少は数か月単位の短期的な目標であって最終目的ではない．最終目的は虚血性心疾患，脳梗塞などの動脈硬化イベントの予防である．これは年単位，長いと数十年経過して発症するので，極端な治療ではなく徐々に改善することが必要と考える．

食欲が抑えられないのはなぜ？

　食欲をコントロールするホルモンとして，胃から分泌されるグレリンと脂肪から分泌されるレプチンがあり，前者は増加，後者は抑制に働く．空腹時にはグレリンが増加，レプチンが減少して食欲が増え，食事によりグレリンが減少，レプチンが増加して食欲が減ることで制御されている．また脂肪量とレプチン量は比例するため，太ることで食欲は抑えられる方向に働く．

ただし，食事によるレプチン増加には 20 分程度の時間が必要である．このため早食いの場合，満腹になるまでに食べすぎてしまうこととなる．また睡眠時間が短いとグレリンは増え，レプチンは減少するので食事量は増えることとなる．さらにストレス状態では，副腎皮質ホルモンのコルチゾールが分泌されて食欲が増える（ストレス食い）．レプチンは発見当時，食欲抑制の夢の薬かと思われたが，肥満患者には効かなかった．肥満だとレプチン濃度は高いが，レプチン抵抗性の状態（効きにくい状態）のため食欲は抑えられない．

また精神面から見ると，ヒトにとって食事は単なる栄養摂取だけでなく快楽でもあるため，空腹と無関係に食欲は生じうる．CM や雑誌などの情報に触れることで食行動は促される．この食行動では，情報による期待値（「おいしそう」）と実際の満足度（「それほどでもないな」）に乖離があると欲求不満となり，食欲は満たされないこととなる．さらに糖，脂肪は依存性があるが，違法薬物のような規制もなく，性欲と異なり容易に満たせるため身体が求める以上に食べてしまうことも問題となる（無茶食いしても人には迷惑にならない．「自分の勝手だから放っておいてくれ！」）．また，ストレス発散のために食べる「代理摂食」という悪い習慣も問題となっている．

最後に

メタボリックシンドロームなどの生活習慣病は，ある日突然発症するわけではない．身体に悪そうな生活習慣を続けていれば徐々に確実に忍び寄ってくる．機械と異なり人間の臓器は簡単に交換できるものではないので，死ぬまで大事に使っていかなければならない．例えば 30 歳の人なら残り 50 年使う必要がある．

原則，身体のパーツは老化（劣化）の一方向であるので，パーツを痛めつけない生活習慣が重要となる．例外は筋肉と脂肪であり，筋肉は運動で鍛えることができ，脂肪も食事，運動量で増減可能で

ある.だから食事,運動が重要となる.食事に関してはカロリーや三大栄養素の比率などは重要視されているが,調理方法(加熱)も最近では注目されるようになった.たんぱく質と糖が結合(糖化)したもの(AGE)は加熱で増加し,老化,動脈硬化などに影響を与える.AGEを過剰にとらないことも注目されるようになっている.

近年,GoogleなどのIT企業が社内にジムや食堂を設置し,社員の血糖値を業績評価項目としていることには興味がある.社員の健康がパフォーマンスに反映され,それが会社の利益につながると考えているようである.

現実的には仕事も忙しく,帰りも遅く,睡眠時間は短い.食事はコンビニ弁当で早食い,運動する時間もないという実態は多いと思われる.以下に改善ポイントを示すので,少しでも実践し,生活習慣病が減ることに役立てば幸いである.

食事の改善ポイント

野菜,おかず,炭水化物の順に食べる	→ 膵臓の負担減らす
ソフトドリンクを水,茶にする	→ 膵臓の負担減らす
噛む必要のある食品(玄米や堅いもの)	→ 脳の満足度増加,食事量減少に
肉より魚(特に青魚)摂取	→ 脂質代謝など改善
加熱の多い食品減らす (揚 > 焼 > 煮 > 蒸 > 生)	→ 糖化物(AGE)の摂取減らす
インスタント食品,ジャンクフード減らす	→ 糖化物(AGE)の摂取減らす
ダラダラとお菓子を食べ続けない	→ カロリー過多改善

 ## 2.4 心血管系疾患

2.4.1 心血管系とは

心血管系は人間の血液循環を担うシステムである.血液を通じて

身体の各細胞に酸素や栄養分を供給し，二酸化炭素や老廃物を回収するのが循環系の役割である．その中心で血液循環を生み出し，維持しているのが心臓である．心臓の仕組みを一言で置き換えるなら，高度に制御された「ポンプ」と言える．人間が生物として生きているためには心臓が動いていることが必須であり，心臓の停止は死を意味する．生死に関わる重要な臓器が単なるポンプとは何とも不思議であるが，実際に人工心臓はポンプそのものであり，そのポンプが心臓に代わって命をつなぐことができる．

　心臓は左右の心房と左右の心室から構成され，重量は約200〜300gある．全身の血液（静脈血）は上大静脈と下大静脈を介して右心房へ集まり，三尖弁を通って右心室に入り，右心室から肺動脈弁を通って肺動脈へ拍出される．そして，肺から戻った動脈血は左右の肺静脈から左心房へ戻り，左心房から僧帽弁を通って左心室により大動脈へ駆出される．こうして心臓は1分間に5ℓの流量で血液を流し続けているのである（図2.9）．

　ポンプである心臓から送り出された血液は，そこにつながるホース，すなわち血管を通じて全身に送り出される．血管には動脈と静

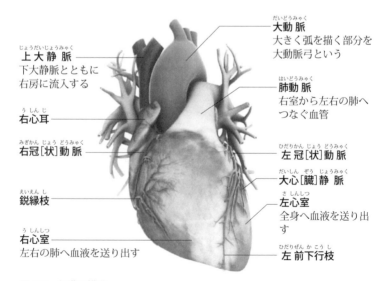

図2.9　心臓の構造

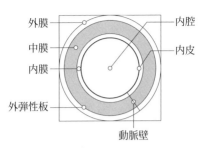

図 2.10　動脈の構造

脈があるが，その構造は両者で異なる．血管壁は内膜，中膜，外膜の 3 層からなるが，動脈壁の中膜は厚い筋肉（血管平滑筋）により弾力性のあるゴムホースのような管である（図 2.10）．静脈は消防用ホースのように柔らかく，所々に静脈弁があって血液の逆流を防いでいる．血管は単なる管ではなく，血液を通す以外にもさまざまな機能がある．血管の内側表面には血管内皮細胞と呼ばれる薄い細胞層があって，血圧のコントロールや動脈硬化に深く関与している．

2.4.2　心血管系疾患とそのリスク

厚生労働省が毎年発表している「人口動態統計月報年計（概数）の概況」の「主な死因別に見た死亡率の推移」では，心疾患は悪性新生物（がん）に次いで第 2 位の死因である（図 2.11）．その死亡率は生活水準の向上や医学の進歩にもかかわらず右肩上がりが続いており，むしろ生活習慣の変化がその危険性を高めている側面もある．ここでは心血管系で起こる疾患のうち，生活習慣との関連が高いものを挙げる．

- 動脈硬化性疾患
  狭心症，心筋梗塞
- 高血圧症（本態性高血圧症）
- 不整脈
  心房細動
  心室頻拍，心室細動（致死性不整脈）

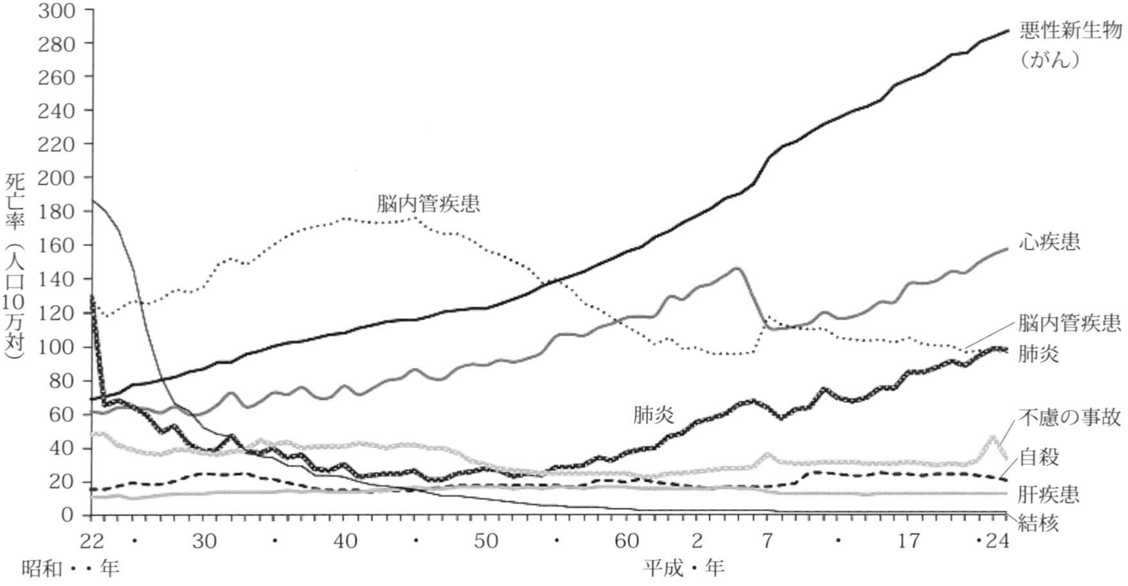

悪性新生物
（がん）

心疾患

脳内管疾患

肺炎

不慮の事故

自殺

肝疾患

結核

脳内管疾患

肺炎

死亡率（人口10万対）

300
280
260
240
220
200
180
160
140
120
100
80
60
40
20
0

昭和・・年　22　30　40　50　60　平成 2　7　17　24
平成・年

図 2.11　主な死因別に見た死亡率の推移
出典：厚生労働省，平成 25 年人口動態統計月報年計

・心不全

以下では，個々の疾患の解説と，そのリスクについて述べる．

動脈硬化性疾患

　動脈硬化とは，血管が文字どおり硬くなり柔軟性が損なわれた状態に陥る変化だが，中でも太い血管に生じる粥状動脈硬化（アテローム動脈硬化）は生活習慣と密接に関係している．2.4.1 項で述べた血管構造のうち，血管内皮が傷つくことが動脈硬化の始まりとなる．喫煙，高血圧，糖尿病，高コレステロール血症は血管内皮損傷のリスクとして知られている．血管内皮が損傷すると，血液中にあるコレステロールのうち，LDL コレステロール（悪玉コレステロール）が傷ついた内皮から血管内膜に入り込む．すると，単球（白血球の一種）がマクロファージとなってこれを取り込んで処理する（貪食作用）．この結果，マクロファージ（細菌や異物を食べて消化する体内の清掃屋）の死骸やコレステロールが血管内膜に蓄積して膨らみ，粥腫（プラーク）が形成される．粥腫によって血管が狭くなると，血流が一時的に途絶える虚血状態が生じるようになり，さらに膨らんだ粥腫が破れると，その部位を修復しようとする血小板の働きなどによって血栓が生じ，血流が完全に途絶えてしまう（図 2.12）．これが心臓の血管で起これば狭心症や心筋梗塞を引き起こし，脳血管ならば脳梗塞になる．さらに，血栓が血流に乗って別の部位に運ばれると，別の臓器にも障害（塞栓症）が起こる．

高血圧症（本態性高血圧症）

　高血圧症は血圧が高くなる疾患である．高血圧の状態が続くと血管や心臓に負荷がかかるため，動脈硬化の進行を早めたり，種々の臓器に疾患を生じたりする危険がある．高血圧には，ホルモンの異常など何らかの原因で生じる二次性高血圧もあるが，日本人の高血

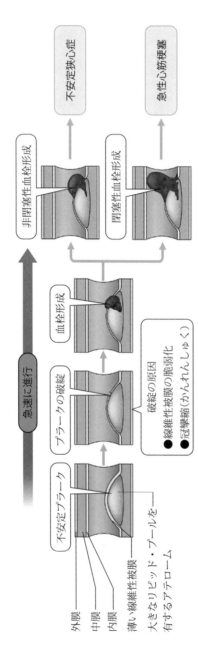

図 2.12 動脈硬化と急性冠症候群の発症機序

圧の約 90% は，ホルモン異常や血圧を上昇させる疾患のない本態
性高血圧である．本態性高血圧の原因は不明だが，遺伝的要因（血
縁者の高血圧歴）や生活習慣の関与が示唆されており，遺伝的に
高血圧になりやすい体質で塩分のとりすぎや，肥満，運動不足，喫
煙，多量の飲酒などの生活習慣が高血圧を引き起こすと考えられて
いる．

不整脈

　不整脈は，規則正しく動く心臓のリズムが何らかの理由で乱れ
た状態を言う．単発的な脈の飛びや脈の乱れ，動悸，胸部圧迫感な
ど，不整脈によってさまざまな症状が現れる．健診では心電図検査
が行われるが，しばしば「心電図異常 = 不整脈」と誤解されるこ
とがある．心電図は不整脈だけでなく他の心臓病を発見することが
できる検査であり，心電図異常がすべて不整脈というわけではな
い．不整脈には細かい分類があるが，ここでは生活習慣と関連した
不整脈について述べる．

　心房細動は，政治家やスポーツ関係者などの著名人が脳梗塞にな
ったことで話題になった．心房細動は，心臓の上側にある心房が痙
攣して文字どおり「細かく動く」状態になる疾患である．心房細動
が起こると，不規則な脈によって胸部不快感や動悸などの症状を自
覚するが，自覚症状がなく健診の心電図で初めて指摘される場合も
ある．心房細動に陥った心房では一定のリズムで血液を送り出す動
きが消失するため，血流に淀みが生じる．淀みが生じた血液は心房
内で固まり血栓を生じる．この血栓が血流に乗って流れ，脳血管を
詰まらせて脳梗塞を引き起こす．自覚症状がない心房細動では，脳
梗塞になってから発見されることもある．

　心房細動は，他の心疾患などが原因となって生じるものもある
が，とくに若年～中年では他に原因がない孤発性（Lone）心房細
動の割合が多いことが知られている．これは，自律神経の影響に
よるもので，睡眠不足，運動，アルコール，過剰のカフェイン，肥

満，喫煙などが誘因となる．アルコールに関しては，習慣的な飲酒や多飲だけでなく，たまにしか飲まない人（機会飲酒の人）でも飲酒時に起こる．また，高血圧による心臓への負担も心房細動の原因となる．

　心房細動の治療において最も重要なのは，血栓を予防すること（抗血栓療法）である．従来はワルファリンという薬剤が広く用いられていたが，血液検査を外来受診のたびに行って，投与量を細かく調整するなど手間のかかる薬剤であった．近年，新たな経口抗凝固薬（DOAC：直接経口抗凝固薬）が開発され，抗血栓療法が容易になった．心房細動を正常な脈（洞調律）に戻す方法としては，抗不整脈薬という薬剤を用いる方法や，より積極的な治療として，1.1 節（p.7）注 7 でも紹介した，足から血管を通じ心臓の中にカテーテルと呼ばれる細い管を挿入し，心房細動の原因になる心筋を焼灼するカテーテルアブレーションを行う方法（図 2.13），血栓の原因となる左心耳を外科的に切除したり，特殊なデバイスで閉鎖したりする方法などがある．心房細動が慢性化して洞調律に戻らない場合は，抗血栓療法と心拍数のコントロールのみを行う治療法も選択される．また，生活習慣の改善も重要であり，十分な睡眠，減量や禁煙，カフェイン摂取を減らすなどの対策も効果的である．高血圧を合併している場合には，血圧のコントロールも非常に重要である．

　心房細動は血栓の危険を除けば死に至ることは極めて少ないが，同じ不整脈でも心室頻拍や心室細動は致死性不整脈と呼ばれ，突然死に至る危険な疾患である．心室頻拍では，心室が極めて速い動きとなり，心室細動では痙攣状態に陥る．これらの状態では血液を全身に送り出すことができなくなるため血圧が低下し，脳虚血による失神を引き起こす．これらの状態が長く続けば全身が低酸素状態となり，適切な治療が行われなければ死に至る．心室頻拍や心室細動では救急要請とともに迅速な救命処置が必要であり，胸骨圧迫による心臓マッサージや，AED（自動体外除細動器）による電気ショッ

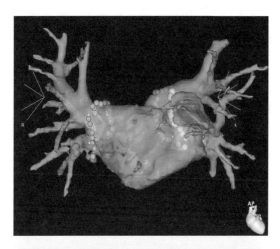
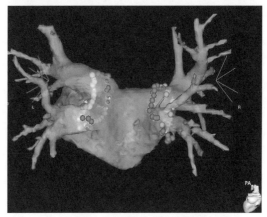

3次元マッピング装置を用いた肺静脈隔離術
図 2.13　心房細動に対するカテーテル治療

クが必要である．

　心室頻拍や心室細動は，心臓に何らかの異常が生じた結果として起こることが多い．心臓の血管が詰まって血流が途絶え，心筋梗塞が起こると心臓の筋肉は低酸素状態となり，これらの致死性不整脈を起こしやすくなる．その他，弁膜症などの基礎心疾患があり，心臓の働きが低下して心不全に陥った場合にも起こりやすい．また，過労や極度のストレスによる突然死の原因としても考えられる．ま

2・4　心血管系疾患

れな疾患ではあるが，心臓の細胞の電解質を調節する機構に異常（主に遺伝）があり，心室頻拍や心室細動による突然死に至る QT 延長症候群やブルガダ症候群といった疾患がある．これらの疾患においても，ストレスや過労などが発症の引き金となることが報告されており，自律神経系の関与が大きい．

心不全

　心不全は，心臓のポンプ機能が低下し，正常な身体の維持に必要な血液循環が保てなくなった状態である．心不全では臓器に血液が貯留したうっ血状態となることにより，動悸（頻脈），息切れや呼吸困難，咳，四肢の冷感，浮腫などの症状が起こる．心不全は心臓の機能不全という状態（病態）を示すだけで，その背景には心不全に至った原因が必ず存在するはずである．先述の狭心症や心筋梗塞，高血圧，種々の不整脈はもちろん，弁膜症や先天異常，加齢による心筋収縮力の低下なども心不全の原因となる．また，肺疾患や腎疾患，内分泌異常などの心臓以外の疾患から心不全に至る場合もある．心不全が進行し悪化すると，多くの臓器が機能不全に陥り，死に至る．心不全の治療は，利尿剤で過剰に貯留した水分の排泄を促し，血管拡張薬や強心薬（カテコラミン）などを用いて心負荷の軽減を図る．肺うっ血や胸水による低酸素状態に対し酸素投与が必要であり，呼吸状態が悪化した場合には人工呼吸器による補助が必要となる場合もある．また，心不全の原因となった疾患に対する治療も並行して行う必要がある．

　なお，1995 年 1 月より厚生省（当時）は，死亡診断書に書く死因として心不全を原則として認めない方針に変更した．これにより人口動態統計では，主要死因別年次推移で 1993～1995 年にかけて心疾患が急減しており，それまで「心不全死」が多用されていたことを裏づけている．

疾患リスクと生活習慣

心血管系疾患のリスクとなる喫煙，飲酒，高血圧，糖尿病，高コレステロール血症は，いずれも生活習慣による影響が大きい．厚生労働省は食習慣，運動習慣，休養，喫煙，飲酒等の生活習慣と密接に関連した疾患を「生活習慣病」と定義している．生活習慣病を引き起こすものとして，食習慣ではファストフードや弁当の多用，間食や不規則な食事などの偏食，塩分や油分，糖質の過剰摂取が挙げられる．また，デスクワーク中心の生活，歩行距離の少ない通勤などの運動不足や，家でゴロゴロするような休日の過ごし方は，摂取カロリーが必要カロリーを上回るカロリーオーバーに陥りやすい．喫煙は血管内障害のリスクを上昇させる．飲酒による肝障害はよく知られているが，多量のアルコールは身体の各臓器に直接ダメージを与えることも忘れてはならない．

21世紀になって，疾患リスクとして「メタボリックシンドローム」の概念が提唱された．これは，内臓脂肪型肥満（主に腹部臓器の周囲に脂肪が蓄積した状態）に高血圧，高血糖，脂質異常の二つ以上が合併した状態を指す．これらの疾患は単独でも動脈硬化を促進するが，合併すると相乗的に促進することが明らかとなったため，リスク重積状態を早期に発見するための試みである．内臓脂肪を正確に評価するには腹部CT検査で内臓脂肪の面積を計測することが必要だが，腹囲（ウエスト径）を用いることで簡便に評価することができるため，現在では健診でも計測が行われている．2.3節でも紹介したが，男性は85 cm以上，女性は90 cm以上が該当し，これは内臓脂肪100 cm^{2}に相当する．高血圧は収縮期血圧130 mmHg以上または拡張期血圧85 mmHg以上，高血糖は空腹時血糖110 mg/dL以上，脂質異常は中性脂肪（TG）150 mg/dL以上またはHDL（善玉）コレステロール40 mg/dL未満が該当する[18]．健診などでメタボリックシンドロームを指摘された場

---

[18] 日本内科学会メタボリックシンドローム診断基準検討委員会 2005年.

合は，動脈硬化のリスクが非常に高いことを自覚しなければならない．

2.4.3　どんな検査を受ければよいか？

　就業している場合は，年1回の定期健康診断が行われる．検査項目には，身体計測・視力・血圧・尿検査・血液検査・胸部X線・心電図検査などがある．年齢や健保組合，医療機関によって異なるが，追加検査や任意検査として胃部X線（バリウム）検査，腹部エコー検査などが行われる．労働安全衛生法では，事業者に対して雇入れ時および年1回の定期（深夜業や坑内労働などの特定業務従事者は年2回）に労働者の健康診断実施が義務づけられている（派遣の場合は派遣元事業者）．また，一定の有害業務に従事する労働者については，特殊健康診断も実施しなければならない（派遣の場合は派遣先事業者）．さらに，これらの健康診断を確実に実施し，労働者の健康管理をより万全に行うため，労働安全衛生法は労働者に対して健康診断の受診義務を課している．なお，労働者が健康診断の受診を拒否すると，健康障害が発見されて事業者に対する安全配慮義務違反に基づく損害賠償請求を行う際，過失相殺の対象となる可能性があるため注意しなければならない．

　健康診断は「異常を早期に発見して適切な対処を行う」ことを目的としている．つまり，健診結果の異常すべてが病的異常で治療対象となるわけではない．医療機関を受診しても，とくに何もせずに次回の健診まで待つ「経過観察」を指示されることも少なくない．しかし，医療機関での二次検査で異常が早期に発見され，早期治療で事なきを得る場合もあるため，とくに前回までは指摘がなく，今回新たに異常を指摘された項目があれば，必ず医療機関を受診すべきである．

2.4.4　どうすれば予防できるのか？

　禁煙や節酒，バランスの取れた規則正しい食事，十分な睡眠や適度な運動といった「健康的な生活」を送れば疾患の予防が期待でき

る．言葉で書くと非常に簡単だが，その健康的な生活が難しいから
こそ予防が難しいのが現実である．

　血液検査のうち，高血糖や脂質異常は加齢とともに指摘されるこ
とが多くなる項目であるが，症状がないため放置したままになりや
すい．高血圧も，頭痛などの症状がなければ同様である．しかし，
動脈硬化は症状のないまま進行し，症状が出現するのは血管が詰ま
って極端に血流が悪くなった場合か，もしくは完全に詰まって血流
が途絶えた状態になってからである．したがって，症状が出現した
段階ですでに動脈硬化がかなり進行した状態に陥っている．血管の
閉塞によって生じた心筋梗塞や脳梗塞は，ときに致命的な問題とな
る．

　健診異常で医療機関を受診すると，すぐに薬を処方されるのでは
ないかと思うかもしれないが，必ずしもそうとは限らない．これま
で何の自覚症状もなく平穏に日々を過ごしている人々に，健診異常
を理由に病院を受診させるだけでも一苦労である．さらに「これか
ら定期的に受診して薬を続けなさい」といきなり言われても，よほ
ど重症でもなければ素直に受け入れられるとは考えにくい．1〜2
か月に1回程度とはいえ，日々の通勤の合間に通院を続けること
が必要であり，無理に薬を処方しても持続せず失敗する．そのた
め，初回受診では疾患に対する自覚（病識）を持ってもらうことが
重要となる．血圧計の購入を促したり，血圧手帳を渡して定期的に
血圧を測定してもらったりすることや，管理栄養士による栄養指導
といった生活への介入が最初の段階となる．こういったものだけで
は不十分と判断された場合には，内服薬の開始が検討される．

　不整脈疾患は，「動悸がする」，「脈が飛ぶ」，「脈が乱れる」とい
った明らかな自覚症状があれば発見につながるが，異常な心臓の興
奮（期外収縮）が頻発している場合や，完全に脈が乱れた状態（心
房細動）になっている場合でも，驚くことに自覚症状が全くなく，
健診で指摘されて初めて明らかとなるケースもある．家庭血圧計の
ようにどこでも簡便に心電図を記録できる携帯心電計が市販されて

いるが，簡単な自動診断は行えるものの，適切な診断や治療を行うためには健診や医療機関の受診が必要である．

高血圧や脂質異常では，診察や検査で内服薬が必要と診断された患者さんに治療を勧めても，「処方が始まれば一生飲み続けなければならないから」と言って治療を断られることが少なくない．始めなければ続けなくてよいというのは言い訳にすぎないが，確かにこれらの疾患は薬を飲み続けても治るものではない．内服薬は血圧や脂質を適正な範囲内にコントロールして重篤な疾患に至るリスクを減らすのが目的であり，治すことを目的としていない．それは治せない原因があるからに他ならない．例えば，加齢は原因の一つだが，若返りの泉や不老不死の妙薬でも使わない限り解決できない．生活習慣も薬だけでは解決できないが，改善の方法はある．油分や塩分を控えるなど栄養バランスを考えた食事をすれば，これらの疾患の進行を遅らせることができる．

繰返しになるが，生活習慣病は症状のないうちから進行が始まっており，症状が出る前から対策を怠らないことが重要である．

2.5 メンタル・ヘルス

2.5.1 はじめに

現在，日本の精神科医は約 1 万 4000 人，いわばマイノリティだ．もちろん雇用者として働く精神科医もいるが，「会社文化」にはあまり縁がない．そんなマイノリティの一人だからこそ気づくこともある．

ここでは，IT 産業をはじめとする，「働く人」にとって関心が高いと思われる症状や疾患，特性とともに，「頭も心もやわらかく」して「そこそこのメンタルヘルスの維持」に寄与すると考えられる生活習慣や人生観について述べる．睡眠障害，うつ病をはじめとす

る気分障害，これら二つの背景に見られやすいアルコール依存症，発達障害では自閉症スペクトラムを取り上げる．また，平成27年末から義務化されたストレスチェック制度も踏まえて，職場環境にも言及する．

いずれも，当事者もその周囲も，本格的に煮詰まる手前で引き返すきっかけになればと考え，疾患や特性は比較的軽症のものを中心に据えて，「身近に」，「読みやすく」を心がけた表現にしている．手始めに興味を引かれる項目から読み進んで差し支えない．

2.5.2　頭も心もやわらかく　その1

《 皆勤賞と過労死 》

幼稚園から始まり，小学校，中学校と，高校にもあるのだろうか，「皆勤賞」．高校入試では出席状況も大切な点数らしく，皆勤賞にこだわって，冬の時期などインフルエンザによる高熱ならノーカウントだから，と医療機関を受診なさる．

おそらく，無遅刻無欠席が勤勉さの象徴になっているのだろうと思う．しかし，無遅刻無欠席でなければ勤勉ではないのだろうか．そんなことはない．生真面目にコツコツとやっていても，無遅刻無欠席にならないことなんてザラにある．

冬の発熱はインフルエンザばかりではない．インフルエンザ以外の風邪にかかって休むのは勤勉ではないのだろうか．インフルエンザもだが，風邪なんかは消化の良いものを食べて家で温かくして静かに休むのが治癒への早道である．いわゆる「風邪薬」で熱や鼻水や咳などの風邪の症状をごまかして学校に行き，ウイルスをまき散らすほうが勤勉なのだろうか．

通学途中に交通事故を目撃したけれど，遅刻するからと見なかったことにして，時間内に登校するほうが勤勉なのだろうか．学校生活という側面から見ると勤勉かもしれないが，地域に生活する一人であるという視点からすると，何かが欠落した人と言っていいかもしれない．

遅刻を避けるために，門が閉じようとするところを走り込む人と，まあしょうがないとひと呼吸置く人といるだろう．要領のよい人は危ないと感じれば走り込むふりをして，とっさの表情を作って立ち止まるだろうか．誠意の見せ方もいろいろである．閉じる門に挟まって死んでしまっては元も子もない．

そろそろあの世に旅立ちそうな祖父母に顔を見せに帰省するために休むのはどうだろう．学業より家族を優先する，とは言われるかもしれないが，忌引きになるからと葬式になってから顔を出すのとは情としてかなりの差がある．

こうやって考えると，無遅刻無欠席の皆勤賞を取るには，勤勉さに加えて，いろんな幸運が必要であることがわかるだろう．幸運という自分の力の及ばないものまであてにして，無遅刻無欠席を死守せねばならないのだろうか．そういう皆勤賞というものは「あなたは勤勉な上にラッキーでしたね！」くらいのものでよいのではないだろうか．しかし，多くの人はラッキーの要素が必要だと気づかないまま，皆勤賞目指して努力していたりする．

こうやって，小さい頃から皆勤賞を目指すクセがつく．休まないことは勤勉さの象徴になる．休まないことで勤勉さを担保するようになり，社会人になると有休が取れない人になり，有休取得を許さない人になっていく．

とにかく這ってでも職場に行く，これが望ましい姿と長年されているが，果たして本当にそうなのだろうか．つぶれるまで職場に張り付いて，何かいいことがあるだろうか．

「皆勤賞にはラッキーが必要」．これに気づかず，勤勉に努力すれば皆勤賞は取れるなどと素朴に信じてしまって大丈夫なのだろうか．

この延長に，頑張れば，努力すれば，勤勉であれば，能力があれば，必ず結果はついてくる，結果が出ないのは努力が足りないからだ，と言われることになる．夢や明るい展望がなければ頑張れないのが人間であるが，努力や頑張りに見合った結果が必ず出るとは限

らない．頑張れば勤勉さで達成できそうな「皆勤賞」でさえままならないのだから，より多くのことが影響する物事の結果なんて，さらにままならない．そのままならないことを，さもままなるかのように宣言してもがいて結果を出すというのも，「仕事をする」ということの一側面ではあるのだろうが，すべてではないはずだ．過労死する前に引き返すための参考になればと思う．

■ 2.5.3 健康管理

お決まりの三つの質問

「睡眠」，「食欲」，「便通」．私の診察でのお決まりの質問である．

いずれもちまたで「ちょうどよい」とされる生活習慣やリズムがあるが，まぁ大体の目安にすぎず，多くの場合は少々外れるからと悩む必要はない．たいていの場合は，不都合があってから見直せばよい．

診察室にいらっしゃるのは不都合が起きたからなので，もともとの体質なども探りつつ，特にこの3項目について気をつけねばならない情報はあるだろうかと，中でも「変化」に注目しながら少し細かく質問する．

6〜7時間は眠ったほうがよいなどと言われているが，これも個人差のあることだ．誰に強制されるわけでもなく，もともと4〜5時間で平気だった人などは，平均より短くてもさほど慌てて心配する必要はない．ただ，そのような人が，「最近7時間くらい眠らないと疲れが取れない」とおっしゃると少し心配である．望ましいといわれる7時間の睡眠も，このように人によって良しあしが違ってくる．

食事についても，模範的な食事の仕方があるが，これも実際には個人差がある．朝抜きで平気な人，昼飯は食べない人，夕食にすべてをかけている人，こっそりポケットにあめ玉を入れてしのぐ人，まさにいろいろあるが，今のところ問題がないなら，そんなに気にしなくてもよい．何か変化が起きる，体調や毎年の健診結果が芳し

くなくなった，精神的に不安定になったように感じるなど，そのような時には食欲とともに食習慣について振り返ってみるとよい．

便通に関しても，もともと腹がゆるい人やため込みがちな人がいる．2〜3日ため込んでいてもカチカチに硬くない便でなければさほど心配はいらない．下痢をしやすい場合は，一度酒量を振り返ってみてほしい．案外，よく飲む人にお腹のゆるい人が多い．もしそうなら，お察しのとおり，節酒や禁酒をお勧めする．

若い頃には身体的にも余力があり，エネルギーも余り気味で少々無理をしてもなんとかなってしまう．これがなんともならなくなり始める頃，この基本の三つの質問事項に変化が現れやすくなる．

さて，この3項目，質問してみると，ここ2〜3日のことはすぐに思い出せても，もともとどうだったのかや，いつ頃から変化があったのかなどは答えに困ったりする．日頃より手帳やスマホにメモしておくとよいだろう．手始めは，大体の起床時刻，就床・就寝時刻，目覚めの良しあしあたりからだ．別に完璧にやる必要はない．記録忘れも大切な記録だったりするからだ．睡眠のメモに加え，食事の様子，まずは食べた時刻をメモしてみる．これに，勤務時間の情報が加わればほぼ OK だ．過重労働に伴う産業医面談，不調を感じた時の振り返りに役立つだろう．

なお，時々「私は管理職なので残業は関係ないのです」と言って長時間労働に無頓着な方がいるが，実のところは労働基準法でいう「管理監督者」ではない場合がほとんどだ．際限なく仕事をして健康を害していいわけでもなければ，健康を害してまで成果を出すために長時間労働せねばならない立場でもない．会社が管理してくれない分，自身でどれくらい働いてどんな生活をしているかを知っておく必要がある．また，管理職になって時間に応じた残業代が付かないということは，家族は激務に理解を示しつつも，心配半分，タダ働きなんだからどうにかすれば？と冷めた目半分だったりするものでもある．長い人生を考えても，ぜひとも働きすぎと健康には注意して日頃からご自身で管理することをお勧めしたい．

不規則な勤務での規則的な生活

業務内容によっては，午前の頃合いのよい時間から8時間勤務で一定しているとは限らない．夜勤中心に仕事をしている人もいれば，3交代などでどんどんずれていく人もいるし，同じ3交代でも不規則に勤務時間帯が変わる場合もある．特にこのような不規則な勤務に従事している場合，「自分にとっての1日」がどういうものであるのか，イメージして掴んでおくとよい．そうすることで，睡眠を始め1日のリズムが安定しやすくなり，うまくいかないときに何が起きているのかわかりやすくなる，好不調の波やその程度にも気づきやすくなる．

勤務時間を勘案しながら，朝起きる時間と食事の時間，眠りにつく時間を割り出す．精神科に限らないが，自身の生活リズムがどのようなパターンであるのかを把握していると，どんな薬をいつ飲むのかや，食事のタイミングや量などを担当医らと相談しやすくなる．

体内時計がしっかりしていて規則正しい「概日リズム」（サーカディアンリズム）を刻む人は，交代勤務や夜勤などでは案外苦労をする．後で述べるとおり，概日リズムは光や温度，食事など外からの刺激で修正されるが，何があっても朝ばっちり目が覚める人などは，体のリズムがしっかりしているからだ．人によっては，もう何か月も夜勤を続けているのだけれど，やっぱり慣れない，勤務から割り出した夜の時間に眠れないなどということが起きてくる．

交代勤務はそうでない勤務に比べてうつ病を発症しやすいと言われている．上記のごとく，たびたび睡眠障害や抑うつ状態に至る場合には，そのような勤務を続けるべきかどうかも考えるとよいだろう．

■ 2.5.4 睡眠障害

睡眠に関する不具合の総称である．寝つけない，眠りが浅い，途中で目が覚める，朝早く目が覚める，朝起きられない，二度寝す

る，日中眠くなる，いくら眠ってもいつも眠い，急に眠り込んでしまう，夜遅くまで起きていられないなど，いろいろな症状がある．一般的によく目につきやすいのは，夜更かしや朝寝坊のために出社できないパターンだ．

早寝早起きではなく，早起き早寝と覚えていただきたい．生物には「概日リズム」というものがあり，人間に内蔵されている時計の1日は24時間より若干長いようである．これを「1日＝24時間」に同調させるものとしてよく知られているのは，朝の光だ．目が覚めて朝陽を浴びると，そこが1日の始まりにリセットされる．起きる時間を一定にすると，「1日＝24時間」の同調がやりやすくなり，リズムよく日々を過ごしやすくなる．一方，遅くまでディスプレーを眺めたり，睡眠途中に目が覚めて，時刻を確かめるためにスマホの明るい画面を見たりすると，夜に朝陽を浴びるのと同じようなことになる．これらが発する「ブルーライト」と呼ばれる光は特に強い刺激を脳に与えるので目がさえてしまいやすい．

睡眠にはリズムがある．ひとまとまりの睡眠が何回か繰り返されることで，一晩の睡眠が作られる．このひとまとまりの睡眠の終わり頃であると，すっきりと起きられる．ひとまとまりの睡眠の持続時間には個人差があって，60〜120分くらいの幅があり，体調にも左右されやすい．また，一連の睡眠で繰り返されるひとまとまりの睡眠の持続時間は，同じ一連の睡眠中であっても長短が生じる．では，希望の時刻に起床するためには，何時に寝るといいのだろう．

やり方はいろいろあって，ひとまとまりの睡眠の持続時間を便宜的に設定して，周期分を整数倍してあたりをつけるやり方が以前からあるが，上記のとおり持続時間には揺れが多いので，誤差が生じやすい．目覚ましのアラームよりも早く目が覚め，起床予定時刻までの時間が便宜的に決めた1周期の時間よりも短い場合には，二度寝を諦めて活動を始めるなり，予定していた起床時刻までは布団の中で眠らずに身体を休めるなりするほうが無難だろう．

睡眠が専門の先生から教えていただいた，次のような試行錯誤はいかがだろうか．

まず，布団に入る時間を決めて，いろんな時刻に起きてみて，睡眠時間と寝起きの良さとの関係を探る．就床時刻，起床時刻，起床時の気分などをメモする睡眠日記を一定期間つけてみるのだ．布団に入ったときに，「明日は○時○分に起きて，それは今から○時間○分後」というのも軽く確認するとなおよい．60〜120分くらいの間隔でいくつか寝起きのよい睡眠時間が見つかるだろう．寝起きのよい睡眠時間がわかったら，これを用いて，起床時刻から逆算して布団に入る時刻を，もしくは，布団に入った時刻から計算して目覚まし時計をセットする時刻を決めるとよい．

ついつい，仕事が忙しく，帰宅時間が遅くなると，その流れで就寝時間を決めてしまいがちだが，朝の希望起床時刻を先に決めてから就床時刻の目星をつけるのがよさそうである．もっと踏み込んで考えれば，朝の希望起床時刻から逆算した希望就床時刻に合わせて，身支度や家事に必要な時間も考慮して，残業を切り上げて帰宅する時間を考えるほうが，リズム良く過ごせそうである．

働き盛りの人が熟眠感が乏しいと訴えるとき，いわゆる精神科的な不調以外には，睡眠時無呼吸や逆流性食道炎なども頭の隅に置いて診ることにしている．

睡眠時無呼吸は，定期健診のデータや自覚症状，いびきがうるさいなどの家族からの情報などを考え併せて，受診を促したりする．

逆流性食道炎については，そのような可能性を頭に置きながら問診すると，内科での精密検査を強く勧めるほどではないけれども，ごく軽いものが起きていることに気づく場合がある．典型的なのは，仕事が忙しくてほぼ毎日残業，通勤時間もそれなりにあり，帰宅して夕食を食べる21時頃にはかなりの空腹で，ついつい取り戻すかのように食べてしまい，そこから風呂など身の回りのことをして，朝も早いので食べ終わって3時間以内には布団に入ってしまう．が，なかなか寝付けず，朝は胃が重く食欲がないので食べずに

出勤する．このため，1日で最もたくさん食べるのは夕食になり，消化されないうちに横になり寝付けない，の悪循環に陥る．

このパターン，実はメタボになるための生活習慣でもあることにお気づきだろうか．対策はいろいろあると思うが，例えば，帰宅するまでに何か少しでも腹に入れて，強い空腹を避けて，帰宅後の食事を減らすこと．「残業中に何か食べると，『まだまだ残って仕事します』と宣言してるみたいで嫌だ」という方が多いが，意地は張り方次第だ．あまり腹が減ってきては能率も下がるし，疲れてくるし，その後のドカ食いや上記のとおりの悪循環やらで，体調が乱れメタボになりやすくなる．ぜひとも，しれっと自分に優しく仕事をしていただきたい．

2.5.5　気分障害

抑うつ状態

うつ病は最悪の場合，自殺に至る場合があるので要注意である．しかし，抑うつ状態があればすべからく「うつ病」であるというわけではない．実は，抑うつ状態というのは結構いろいろなものに付随して起きる．抑うつとは防御の側面があって，いろいろな活動を抑制して危険から身を守り，消耗を防ぐ効果がある．

身体に不具合があっても，精神的に強い負荷がかかっていても，抑うつは生じうる．もしも抑うつが起きずに動きっぱなしになったら，どんなことが起きるだろう．身体や精神が疲労困ぱいして倒れてしまうだろう．ありがちな対比だが，これが筋肉の不具合だったらどうだろう．トレーニングのしすぎで足が動かないとか，血行が悪くて足が重いとか，そういうときに人は無理するだろうか．おそらく，身体を休めるはずである．それがなぜか「抑うつ」という精神に関することになると，根性主義なのか知らないが，とにかく頑張りすぎたり，サボりだろうと疑ったりということが起きてくる．

人間なんでもアタマでコントロールできると思うなよ．

精神的に強ければ何でもできると思うなよ.

抑うつには身を守るという意味がある. 抑うつというサインを,
ペース作りに生かしてほしい.

気分障害と過剰適応

抑うつ状態で来院した人の場合, これまでにとても元気で活動的
で楽しかったというような時期があったかどうかが, 気になるとこ
ろだ. 仕事でも趣味でも恋でも, なんでもいい. あればその時に気
前がよくなっていろいろ買い込んだり, 気が大きくなって小競り合
いになったりしなかったか, などを質問する. 逆にこれまでに今み
たいに元気がなくなった時期があったかも確認する. つまり気分の
波があるかどうか. もちろん軽躁状態やそれより強い躁状態に至っ
て, 日常生活に支障が出るような世間でのイメージどおりの躁うつ
病, これは遺伝的な要素が強くて好発年齢は 10 代後半から 20 代
前半である. そのようなコアな躁うつ病ではなく, いわゆるエネル
ギー配分の不得手からくる気分の波のようなものについて探る.

このゆるーい気分の波を持つ人, 実はとても期待に応える頑張り
屋さん, 「過剰適応」さんではないかとにらんでいる. とにかく目
的達成のために気分をアゲて頑張れてしまう. 例えば, 納期前の様
子を想像してみよう.

あと 3 か月, あと 2 か月, あと 4 週間……, だんだんと残業が
増え, 食事は不規則になり, 眠る時間も惜しんで働く. 帰宅しても
職場での興奮と緊張が残っていて眠れるような気がしない. だん
だんと勢いがついてきて, 「やっぱり納期前はこうでなくっちゃ」,
「短期集中だ！」とのってくれば好循環が回りだしたような気にな
って, 睡眠不足も疲れも空腹も気にならなくなってくるだろう. な
んでも診断基準にあてはめればいいわけではないが, 冷静に眺めて
みると, どうも軽躁状態らしいということはわかっていただけると
思う.

ただこのような活力に満ちて働く姿というのは，社会人として「デキル人」と評価されることもあり，なかなか軽躁状態の可能性があるとは思ってもらえない．社会人として勤勉で成果を挙げる見本のような人が異常だなんて，それでは全体の士気も成果も下がってしまうではないか，と．そう，そこがなかなか困りものなのだ．

さて，昔はこの軽躁状態的な時期が延々続くという職場はまだ少なかったのではないだろうか．世の中のスピードも競争も今ほどではなかったし，景気もよくて事業所にもそれなりに体力もあったので，人員にも余裕が今よりはあった．バブルの頃には「24時間戦えますか？」というキャッチコピーでドリンク剤が売られたが，納期前は「24時間」で頑張ったとしても，それを過ぎれば一息入れられたのではないだろうか．職場巡視をしていると，決して仕事一辺倒でなかった時代の名残，社員文庫や部活の痕跡を見かけることがある．巡視に同行してくれた社員さんと，「いい時代がありましたね」とため息混じりに懐かしむ．

もちろん，躁状態がどの程度にまでなり，どのような様子にまでなるのかは，個人差があるので，昔もバランスを崩し医療に相談する人はいただろう．みなが休憩をとる中，うまくクールダウンできず疲弊してしまう人もあっただろう．うまく休むことができず使い切ったエネルギーがなかなか戻ってこず，日常生活にも支障が出るような様子，つまり「躁」の後の「うつ」である．

明らかな軽躁状態や著しくパフォーマンスの上がった時期は見当たらないが，働きに働いた後の「過重労働の果てのうつ」みたいなものも，この延長線上にあるように思える．

イメージしやすいように，診察室では「リザーバータンクまで使い切りましたね」とか，「とうとうバスタブのお湯がなくなりましたか」とか，「借金してまで頑張りましたね」などと表現してみせる．

例えば，バスタブからお湯をくみ出して，このお湯を使うことで何かしらの仕事をしているというモデルを考えてみる．仕事だっ

たり日常生活だったり人間関係だったり趣味だったり，どれもバスタブのお湯をくみ出して使っている．人間が生きるための基礎的なエネルギー分は，バスタブの底にある栓のあたりからの緩みから漏れ出るお湯で賄われていると考えてもよいかもしれない．バスタブのお湯は蛇口から一定に注がれている．このバスタブの大きさやお湯の勢いは人それぞれ異なっている．ただ，どの人も，注がれる勢いやバスタブの大きさに見合わないお湯のくみ出し方をすると，お湯という名のエネルギーは枯渇してしまう．これが減ってくると，「やばいぞ」と感じるようになるし，不安になったり元気がなくなったりするし，いよいよとなると日常生活もままならなくなる．つまり抑うつ状態である．

　バスタブに足されるお湯以上にエネルギーを使うことなく，エコにやりすごしてほしい．

2.5.6　アルコール依存症——酒という合法ドラッグ

　国内の潜在的なアルコール依存症の患者は数百万人と言われている．ついこないだまで，飲酒運転するようなのは心根の悪い不届き者と思われていたが，今では少しずつ，ベースにアルコール依存症があるのではないかと思われるようになってきている．「新久里浜式アルコール症スクリーニングテスト」や「CAGE テスト」などをすると，え？ こんなんでアルコール依存症を疑われちゃうの？？と思うかもしれない．が，実のところ，案外アルコール依存症というのはすぐそこにある．

　健診表に目を通していて，高血圧，高尿酸血症，高中性脂肪と続くと，つい飲酒習慣の項目に目が行く．案外飲める人の場合，肝機能はよほどでないと（値は高くはなるが）悪くならないことも多く，飲酒習慣の項目を確認した後に肝機能の値を見て，なるほどね，と心の中で思ったりする．会社で普通に働けていて，これらの数項目に要精査とするほどでもない異常がある程度であれば，世間一般の「アルコール依存症」のイメージにはまだまだ遠い．世間一

般のアルコール依存症のイメージ，朝から晩まで寝食忘れて飲んでいて仕事なんてもちろんできない，なんていうのは，もうかなり病状が進んでいる状態である．できれば，健診表で異常値が並ぶ程度のところ，依存症に片足を突っ込んでいるあたりで引き返してほしいのだが，これがなかなかに難しい場合が多い．だいたいこのような異常値の複合があって，産業医から「内科に行ってらっしゃい」と言われるような場合，内科ではだいたい「お酒は控えてください」と言われる．要精査とされる程度だと，お酒は控えてと言いつつ投薬治療が開始されることも増え，薬飲んでればなんとかなるよねと，結局飲酒習慣に関してはうやむやになる，なんてことが起きる．なので，健診表をチェックしていると，「治療中」との情報がありながら，長年各数値は怪しげで，酒は休肝日無く飲んでいる，などという健診結果がまま見つかる．

　さて，内科的に問題があって受診した時に，「お酒は控えてくださいね」と言われて，即座に「そうか，禁酒か」と頭で翻訳できるだろうか．これができないようだと，アルコール依存症としては色濃いグレーと思っていただいてよいだろう．この時期はまだまだ余裕がある．仕事は精力的にこなし，寝付けないな，疲れやすいかなと思っても，お酒を飲めばリフレッシュしてまた明日から戦えるような気持になれる．仲間と飲んで愚痴ればそれなりのカタルシスもある．そのような効果が感じられるだけに，「お酒をやめる必要なんてあるのかなぁ，あの医者は大げさだなぁ」なんてことを思うだろう．

　大ざっぱなところで，酒を飲みながら頑張る人の多くは，仕事は几帳面で気遣いの人で人当たりは良く，見かけよりも神経が細やかで寂しがり屋だ．不安や少々の不眠があっても，ぐっと酒と一緒に飲みこんで翌日にはまた仕事に向かっていく．酒を自己治療のための薬のようにして使っている．

　実は，お酒は抜けてくるときに抑うつが強くなる．これは気分の波を強めやすく，うつ病のリスクになる．お酒を飲むことで寝つき

がよくなったように感じるかもしれないが，実は睡眠の質を下げる．眠りが浅くなり，抜けてきたときには目が覚めやすくなる．アルコールの利尿作用もあってトイレで目が覚めることにもなる．目が覚めると目がさえて再入眠しにくい．眠っている間に脳は記憶の整理をするが，それもへたくそになり，やけ酒などであれば，酒が抜けてくるときの抑うつもあいまって，翌日にもうっすらと嫌な気持ちが残ったりする．

　アルコールは飲み続けると，段々と飲める量が増えてくる．気持ちのよい効果を得るために必要な量が増えてくる．身体の処理能力もある程度上がるには上がるのだが，この，気持ちのよい効果を得るための量はこれを追い抜いてしまう．以上のようなことをふまえると，お酒でリフレッシュはあまり効果的ではない．

　お酒が無くても気の置けない仲間とおしゃべりができる，愚痴りあえる，実はこれがアルコールを減らす近道だ．酔っ払って何を喋ったか覚えてない，カタルシスをはっきりと感じられないよりは，初めは躊躇しても素面で話した内容とその時の気持ちや仲間の反応を覚えているほうが，ストレス解消に役立ち，明日からの元気になるだろう．

▌ 2.5.7　発達障害——自閉症スペクトラム

言葉の裏読み

　得意分野への情熱や知識が半端なく，仕事もできるのだけれど，真に受けやすく，どこか率直すぎて，正直といえば正直で，決して悪い人では無く，むしろいい人なのだが，なんとなく周囲を当惑させることの多い人，心当たりはあるだろうか．

　このようなマニアックな人，多数派とは少し違う角度から物事を眺め，考えている．多数派なら気づけること，知っていることがすっぽり抜け落ちていたり，かと思えば，多数派なら見過ごしてしまうようなことをキャッチしていたりする．

　実は，多数派の中でも似たようなことは起きているのだが，多数

派と少数派の間で起きると少々目立ってしまい，少数派は「馬鹿正直」とか，「空気読めよ」などと言われることになる.

このような特徴が強い場合，「自閉症スペクトラム障害」（ASD：Autism Spectrum Disorder）の可能性を考慮することがある. 定義を見ればわかると思うが，ASD と知的能力とは異なる能力の評価軸である.「スペクトラム」の名のとおり，このような特性は白から黒までだらだらとグラデーションになっている. 白から黒の間にさまざまな人がいて，よくありふれた平均的な多数派も，このグラデーションの中のどこかにいることになる. このグラデーションの中の黒に近いところ，ASD の特性が強い場合でも，人間関係や世間の仕組みを知的に理解して立ち回れるので，「なんとなく個性的な人」という様子で社会に適応している人は珍しくない.

人というものは，これまでの経験や自分自身の思考や行動のパターンをもとに，予測を立てながら目の前のことを判断していく. 例えば，「これくらいの難しいことを知っている人は，人間関係においてもこれくらいの常識を持って立ち回れるのが普通だろう」と考える. 多くの場合は多数派同士のことなので，大体その判断でさしさわりが無い. しかし，上記のようなグラデーションの白に近い人と黒に近い人とが，互いの特徴や得意分野の違いに無自覚なままに「普通はこんなもんだろう」と考えてコミュニケーションすると，行き違いになりやすい.

白に近い人に言わせれば，「言外の意味が伝わらない」，「あえて言わなくてもいいことをなぜ口にする？」となるし，黒に近い人に言わせれば，言外の意味はもちろんのこと，婉曲に表現したことの真意をうまく読み取れず，「曖昧で何が言いたいのかわからない」，

ASD（Autism Spectrum Disorder）の定義
社会生活に必要な三つの能力（①コミュニケーション能力，②想像力，③人と社会的関係を持つ能力）に問題がある発達障害. ASD のうち，知的能力が正常範囲以上で，言語発達の遅れもない人をアスペルガー症候群，知的発達に遅れがある人をカナー型自閉症と言う.

「言わなきゃわからないだろう」となる.

　また，白に近い人は黒に近い人がありのままに発した言葉の言外の意味まで読み取ろうとして，勝手な意味づけをしてしまうが，黒に近い人にしてみれば，含みのない言葉を発しているので，相手が読み取ってしまった勝手な意味づけなど想像のしようもなく，相手の反応に戸惑ってしまう.

互いに歩み寄る

　人はみな，自閉症スペクトラムの黒から白までのグラデーションのどこかに各々存在するのだが，黒に近い人によく見られる特徴の一つに，耳で聞いて理解するのが苦手，というものがある. 例えば，口頭での指示が通りにくい. 黒に近い人は，指示されれば相づちを打ちながら聞くという社会常識に則り「はい，はい」と返事はするが，実は頭に入ってなかったりする.

　まずは白に近い人へ. 黒に近い人への指示や説明は，適宜図示しながら行うのがよい. おそらく紙とペンを使いながら説明しようとすると，白に近い側が曖昧なまま相手にお願いしようと思っていたところまで，はっきりと示さねばならなくなることが増えるだろう. 手ごわい，邪魔くさいと感じるかもしれないが，なあなあのまま予期せぬことが起きるよりはマシと割り切るとよいかもしれない. もちろん曖昧にすべきことについては「ここはそのままでよい」との説明が必要だ.「（言わなくてもわかるだろう）」で察することを期待するのは行き違いや感情のもつれの元になるので，大抵の場合，賢明ではない.

　もちろん，相手がかたくなで，ああ言えばこう言うような様子で，図示しつつ説明していても水掛け論になる場合もある. しかし，それは反抗しているわけでも意地悪をしているわけでもなく，納得しないままに次の行動に移せないという正直さでしかない. 感情的になりそうであれば，これ以上の説明は現時点では不要なり不能なりと伝えて，仕切り直すのがよいだろう.

一方，黒に近い人は悪気なく相手の領域に踏み込んでしまうことがある．目的や議論のために誠意を尽くそうとするあまり，また，真実や真理，またそのように考えることのために，つい，自分に権限のないことにまで踏み込んだり，相手の感情が絡む領域にまで分け入ってしまう．「だって悪気はないし」，という言い訳は「空気を読めよ」という一言で退けられるだろう．でも，空気を読むのが苦手なのが黒に近い人の特徴なので，空気を読むことに代わる補助線を，知識や経験，知恵などで引いて状況把握に努めることになるだろうか．しかし，このような工夫も，「自分は空気を読むのが苦手である」や「言外の意味や状況を読み取るのが苦手だ」という自覚がないと，手をつけることができない．まずは，絶望したり卑屈になったりすることなく，自分の特徴を知ることが大切である．

　そして，どうも行き違うなという時には，お互いに，その組織やその場でのルール，役割（司令塔が誰なのかなど），物事の進め方などを共有できているかを，冷静に確認し合ってみよう．一番の目的は，行き違いの結果の勝った負けたではなく，力を合わせて結果を出すことだろうから．

正直な指摘——あるマニアック青年に関する相談

　一言多くてマイペースで足並みを乱すマニアック青年，自分基準で「やることはやってるから」と残業を断って帰ったり，遅くまで残って仕事をした翌日は遅刻したり休んだり，ということがまま見られていた．仕事の能力はあるので，同僚たちは「またかよ」と言いつつも彼のペースに譲歩してきた．しかし，あまりにこれが続くと周りの士気にも関わるし，真似する奴が出てきても困る．「これはいったい，病気なのか，それとも性格なのか？」ということで相談があった．

　この職場は，工程の関係上，夕方頃になって相手先から急ぎの依頼が来ることが珍しくないとのこと．相談の対象となった本人は，「みんなが忙しくても帰る」との前評判だったのだが，よくよく聞

くと「気が向けば『俺がやっといてやるよ』と引き受けてくれる」
が，やはり一言多くて，「急に言われても困るんだよ」と口にして
しまったりするという．上司からすれば，急に仕事が降ってくるの
が当り前の部署であり，今更わかりきってることを口にされてはみ
んなの士気が下がるばかりで困る，というのだ．残業をしたら翌日
は遅刻が珍しくなく，そろそろ有給も使い切りそうで，みなが有給
を使わず頑張っている中，目立つんだ，とのこと．何かメンタル不
調でもあるのなら，受診を促すなどして，周囲と足並みの揃う働き
方ができるようになってほしい，とのご相談．

　うーん，上司の言うこともわからなくもないが，マニアック青年
の主張にもなんとなく一理あるような気がしてならない．とにもか
くにも，一方だけから話を聞いていても実のところがよくわからな
いので，ご依頼のテーマ「病気なのか，それとも性格なのか？」を
頭の隅に置いて，本人の面談に移った．案の定，業務の進め方の指
摘内容に関しては彼に分がある．いつ降ってくるかわからないの
で，その日の作業の目途のついている人が対応することになる，自
分は作業量をこなしているので結局自分のところに回ってきやす
い，結果，人よりたくさん働いているのだから，時には残業を断っ
たり，遅刻したりするのもしょうがないだろう，そもそも，急な仕
事を割り振るルールがはっきりしていないのがまずい……．

　確かにごもっとも．ただ，それキミがマンマ言っちゃうと，まし
てや実力行使しちゃうと，キミが損してしまう．「組織の秩序が乱
れちゃうよね？」と言いたくなるのはぐっと我慢．

　丁寧に話を聞きながら，適宜，組織には司令塔がいて，その下に
いる人はその情報の流れを大切にしながら振る舞うんだよ，という
話を図示を交えながらして，今回のことについてはあなたの言いた
いことにも一理あるからそれは伝える，と間に入る形にした．

再び上司と話合い

　彼のようなマニアック青年の場合，実は，過度に集中（過集中）

して作業に取り組むようなことがまま見られる．話しかけても気づかずにずーっと作業し続けているような様子だ．多数派とはエネルギーの使い方が違うために，人よりたくさんこなせるものの，神経もエネルギーもたくさん使っているので，多数派と同じペース配分をしていると疲弊してしまう．このような過集中という技を持っている人の自衛的なバランスのとり方として，こなすべき作業量と時間を見積もり，それに合わせたエネルギーの使い方を心がける，もしくは，過集中の前後に休憩を入れられるような計画を立てて臨んでいる，ということがある．長年，自身の特徴と付き合ってきた人なりの自己対処法であり，その人の言動の中に溶け込んでおり，周囲からすると何か特別なことをしているようには見えない．しかし，その自己対処法が，その集団のルールからはみ出ている場合には，多数派からは自分勝手に見えたり，サボリに見えたり，ムラ気に見えたりするため，この例のように非難の対象になる．

さてこの部署，実はこのマニアック青年以外からも，残業になる作業の割り振り方に不満が出ることがあったという．近年，共働きが当り前になり，お父ちゃんが保育園にお迎えに行ったり，夕食を作って子どもの世話をしたりという家庭が増えてきたというのだ．上司としてはもっと仕事に集中してくれればと言いつつ，もうお父ちゃんが仕事だけでなく家庭でも日常的に役割がある時代になったのだ，ということも感じ始めていた．

マニアック青年だけが不満を持っているわけではないということがわかり，急な作業が生じる場合の情報共有や割り振りについて見直したという．その結果，マニアック青年はエネルギーの使い方の見通しを立てやすくなり，言い訳しなければならないような状況も見られなくなった．そして，お父ちゃんも残業の見通しを家族と共有できるようになり，めりはりよく働きやすくなった．

なおマニアック青年の一言多いところについては，誰が司令塔で，司令塔と部下の役割や陣地がどこまでなのかを適宜確認して，知的に理解し学習してもらいながら，摩擦を減らしていくことにな

る．しかし，これでは普段無意識に指令を出したり受けたりしている上司や部下たちは，あえて言葉で説明しなければならなくなる．手間ではあるが，言わなくてもわかるはずの思い込みや行き違いを減らすのには役立つだろう．

■ 2.5.8 ストレスチェック制度

メンタル不調と職場環境

メンタルヘルスで職場環境評価に有効なストレスの3要素とされるのが，「仕事」，「裁量性」，「支援」の三つだ．ほど良い仕事量で自由度が高くて仕事をコントロールしやすく，同僚や上司の支援があるような職場環境はメンタルヘルスでの不調をきたしにくいとされる．

仕事の内容はほど良い手応えで，徒労感を覚えるほど多くもなく，暇で虚しくなるほど少なくもないのがよい．仕事の進め方は，野放しにされて不安になるでもなく，がちがちに見張られて息苦しくなるのでもなく，のびのびと時に周囲からの反応もわかるような距離感がよいだろう．困れば上司や同僚に相談でき，必要に応じてアドバイスしてもらえたり助けてもらえたりすると安心して仕事に励める．

これらの3項目について反対の様子を想像すれば，おそらく「ブラック職場」の出来上がりだ．

すべてが程良く整っている理想の職場はそうそうないかもしれないが，仕事をしていてどうも気が重い，出勤したくなくなる，前日の夜が憂鬱だ，などと感じる時，この3要素を頭に置きながら，

メンタルヘルスで職場環境評価に有効なストレスの3要素
仕事量　　裁量性　　支援
低ストレス　　　⇔　　　高ストレス
量が少なく自由度高い　⇔　量が多く自由度低い
同僚と上司の支援がある　⇔　どちらもない
※裁量性＝任せられる度合，仕事のコントロール

振り返ってみてどこがまずいのか，整理するとよいかもしれない．

ストレスチェック制度において，職場の分析は努力義務にとどめられているが，実はこれが大切である．不調者が多発する職場や，ストレスチェックでストレスの高い職場環境が疑われるような場合にも，この3要素について確認してみるとよいだろう．

限界を超えると

限界を超えると誰でも不調をきたす．どんなに健康で強い人でも，何かしらの不調が見られるようになる．ラッキーにも不調が見られない人もいるだろうが，自分自身がそのラッキーな人であるという保証はないので，そのようなチャレンジはお勧めしない．

睡眠時間を削らねばならぬほどに長時間の仕事を長い間続けると，心臓や脳の血管に不具合をきたしたり，そのために死んだりする確率が高くなることは知られている．メンタルに関しても，睡眠リズムが不規則になることでうつ病になるリスクが高まると言われている．人間関係のストレスや過度の緊張の持続もリスクになる．

クリニックで仕事をしていると，本来なら適度に楽天的で考え方にも柔軟性のあるはずの人が，なぜこんな抑うつ状態になって受診するんだろう，と思うことがままある．結局のところ職場で無理をしすぎているのである．

前述のとおり，メンタルヘルスで職場環境評価に有効なストレスの3要素とされるのが，仕事，裁量性，支援の三つだ．ほど良い仕事量で自由度が高くて仕事をコントロールしやすく，同僚や上司の支援があるような職場環境はメンタルヘルスでの不調をきたしにくいとされる．

つまりその逆が3拍子揃っているような職場だと，普通に平均的な環境で働いていたのならば何も起きなかっただろうなと思えるような健康的な人が，うつ病となってクリニックに現れるのである．つまりは条件が揃えば，誰でもうつ病になる可能性はあるということだ．

「あいつは弱いからうつ病になったんだ」とか，漠然と「あいつは負荷をかけるとうつ病になる」と言ってしまっていいのか，よく考えるほうがよいだろう．

身を守るために本格的なメンタル不調に至る前に，リスクの高い職場を離れる人を見かけるが，自衛手段としてはアリだろう．しかし，職場という組織からすれば，立ち去りが増えるのは要注意である．業務や働き方を見直し，働く環境を整えていかないと，人を使い潰すブラックとささやかれ，転職の決まりやすい優秀な人から抜けていきかねない．

ストレスチェックで不調者を洗い出して，仕事から離脱させ治療を命じても，職場環境の健康度は必ずしも上がらない．

ストレスチェック制度の目的は，メンタル不調を未然に防ぐ，という一次予防である．

ストレスチェック制度の結果活用は，個人にフィードバックする個人分析と，職場環境改善に役立てる集団分析（職場の分析）がある．特に後者はメンタル不調の一次予防にとどまらず，パフォーマンスの向上なども期待できる．したがって職場全体の健康度の維持向上を狙うならば，集団分析のほうが効果的だ．

他方，働く側もストレスチェック任せにして「メンタル，イマイチだけど，結果が悪ければ何か言ってくるよ，きっと」と通り過ぎてしまうのは，少々のん気だ．そこから一歩進んで，自身の生活習慣や働き方などを振り返り，早めの手当てをお願いしたい．

2.5.9　頭も心もやわらかく　その２

《 元どおりに治るということ 》

精神的に不調で治療していると「元どおりに働けますか？」という質問がご本人やご家族，そして職場から出てくることは珍しくない．そんなときは，元どおりはマズイんだよな〜，とぼやいてみせる．「だって，またやっちゃうでしょ？」

病を得て回復した後に，そっくりそのまま元どおりになると，ま

た同じことを繰り返すだろうということを，研修医の頃から見聞きしてきている．

　おそらく怪我や病気と同じような感覚で，「悪くなった → 治る＝元どおり」の図式だろうと思われる．働き盛りの場合，「健康＝働ける」ということだろうから，働けることを治っていることの目安と考えたくなるのは仕方ないのかもしれないが，治っても仕事しかできないようで，私などはなんだかわびしさも感じてしまう．

　さて働き盛りの精神不調は，ただただ本人の問題として起きてくるばかりではない．環境要因に注目する必要がある．おぎゃぁと生まれ落ちれば，万人どこかしらにウィークポイントがあり，しばらくは大丈夫でも，多かれ少なかれ，そのうちどこかしらに故障が出るように作られている．このあたりは身体の不調と大差ない．過重労働による睡眠時間の短縮で心臓や脳の血管障害が起こりやすくなるのは有名な話だが，精神不調も似たようなところがある．

　不調をきたし，担当医より休職を申し渡され，十分休養を取って，さぁ復職可能ですよとなったとしよう．「じゃあ，元どおりに働いてね」と，長時間働かないとやりきれない仕事量で，かつやり方や時間の使い方は職場の慣例が最優先で，同僚や上司も自分のことで手一杯で，いざという時も助けを頼めず，という働き方に戻ったら，再びダメになるのは火を見るよりも明らかだ．そんな様子が透けて見えているときに「元どおりに働けますか？」と聞かれると，ああまたかと少し切なくなる．

　とはいえ，当事者にとっては初めての出来事である．ありきたりだが先人の知恵を借りて，投球フォームに例えて説明する．「肘や肩を手術して治すとするでしょ，その後ピッチャーは何をしますか？」と．大体「ああ，リハビリしますね，じゃあ，いきなり全力で働くのはまずいですね」となるのだが，これでは正解として不十分だ．慣らしたところで，無茶なことをすれば再び故障する．フォームの改造をするのである．投げ方を変える，練習の方法を変える，いろいろ変化していく必要がある．もちろん，フォームの改造

をした後も，酷使はよろしくない．

　人間，時間とともに無理が利かなくなってくる．目に見える故障を起こしていなくても，疲労がたまってきたりいろいろ衰えがきたり，パワーが無くなったりする．これを，若い頃と同じように，若い頃と同じ感覚で取り戻そうと努力したりすると，いつか，バランスを崩すことになる．

　そして，本来壊すようなクセの見当たらない，めぐまれた素質の持ち主さえもが，故障を起こして来院することがある．明らかに「酷使」しすぎだ．

　お互いに使い潰したり，使い潰されたりしない割り切りが双方ともに大切である．

《 加齢とエネルギー 》

　若い間は案外無理が利くのである．なんせパワーが余っている．もちろん，10代の頃のように背が伸びるほどのパワーはなくなっているが，それでも20代は馬力でいろいろ代償できるし，そうすることで上の世代について行く修行の時代でもある．しかし，そのままの勢いで行くと，そのうち不具合をきたす．30代はなんとかなったとしても，いわゆる「男の大厄」あたりでガツンときやすい．確かな統計を取っているわけではないが，健診表を眺めた時の手応えとして，この厄年前後でメタボやら何やらが急に増えるような印象がある．これは男性に限ったことではなく，働く女子も，そのあたりは要注意のように感じる．その先50代になると，もう言わずもがなのであるが，ここでまだあがくと「あなた，エネルギーの前借りをしたでしょ」と言いたくなるような抑うつ状態や，ドーピングの果てと言ってもいいようなアルコール依存症や，それに片足を突っ込んでいるかのような様子が見られやすい．

　さて年齢とともに，個人差はあれども若い頃よりはエネルギーは落ちてくるのが普通なのである．そこをカバーするのは何か．それは人生経験だったり，知恵だったりするのだろうと思う．これを，

過去の栄光というか現在の自信の無さからなのか，それともいつまでも若々しくいたいからなのか，これまでのやり方を変えないままでいるといつか破綻してしまう．

ただ，これは本人だけのせいではない．雇う側も，昔ながらの馬力ある働き方を求めていたりする．それなりの年齢にもなって知恵もついてきたから，これに馬力が伴えばかなりいいパフォーマンスになるぞ，しめしめ，と．でも，そんなにうまくいくわけがない．一部にはうまくいく人もいるだろうが，普通は年齢とともに持っているパワーやエネルギーは落ちてくるので，いつか消耗し破綻してしまう．

そして，世の中も若返りやいつまでも若々しくという話題にあふれている．どのように年齢を重ねるのか，自然な経過と不健康や無理との線引きのようなものを時々意識して，意地を張りすぎないのがよいかもしれない．

診察室では「まあ，トシだからねぇ」と発するだけで，お互いになんとなくわかりあえるのだが，これを文字にするのはなかなかに気をつかう作業だ．現実では是々非々にこっそり白旗を揚げて，しれっとしているのがよいやり過ごし方かもしれない．とにかく，無用の意地を張って消耗しないことだ．

《 誰のために 》

誰のために働くのか．まぁ，普通は自分や家族のためにである．しかし，業務量が能力を超えていたり，過度な責任や成果を求められたりしていると，「誰のために」がいつの間にか「会社のために」や「お客様のために」という働き方になってしまう．頭では自分や家族のために働いているつもりなので，この現実との距離は厄介だ．メンタル不調者やその予備軍の面談をしていると，「子どもの学費がまだかかるから，ここでペースを落とすわけにはいかないのです」のような類のせりふをしばしば耳にする．この厄介な様子を意地悪く毒のある形で表現すると，「自分や家族の生活を人質に取

られて働いている」みたいな感じになるだろうか.

　一方,家族が「もう命を切り売りしてまで働かなくていいよ」と言ってくれる場合などは,今後の生活に気がかりがありつつも,時間がたつにつれ晴れ晴れとのびやかになっていく.

　うつ病や摂食障害などの治療において,対人関係療法は一定の効果があるという.出来事や状況と自分の気持ちを整理しながら,「対人関係の力を利用し変化を起こすスキル」を身につけていくことで,自尊心を高め,自然治癒力を回復し,病気の治療を図るというものだ.この療法で最も重要な他者とされるのが「配偶者・恋人・親・親友など」だ.続いて「友人・親戚など」となり,「職業上の人間関係など」はこれらよりも重要度が低い.この重要度に応じて優先順位をつけ,バランスよく人間関係を保つことが心の健康を支える.

　働くのは,自分や家族のためである.自分や家族のために働く人として,次に,会社やお客様との関係がある.

　こうやって優先順位をはっきりさせ,日ごろから家族との関係を良好に保っておくことは大切だ.会社でいじめられても,会社に捨てられても,会社を捨てても,家族は残るだろうと思えるからだ.

　家族のために働いているのに,家族との距離が会社よりも遠い気がする,それは働きすぎかもしれない.

▌ 2.5.10　おわりに

　以上,精神科臨床医や産業医として,働く人のメンタルヘルスに関わる中で得た知見を交えて,関心が高いと思われる精神科的症状や疾患,特性などについて述べた.

　職業人生の荒波を乗り越える一助となれば幸いである.

2.6 がんと闘う

はじめに——健診医のなやみごと

 最近とある大学の健康管理を専門としている教員に「先生にとっての人間ドックでの臨床とは何ですか？」と聞かれた．私は「健診にしろ，人間ドックにしろ，基本的にその人は歩いて来られるわけですから，何らかの健康状態を保持されておられる．その中でLDLが高いなどの医学的所見をもとに，改善すべき食生活や生活習慣を"情報"として与え，行動変容を導出するというのが健診の臨床ではないかと思います」と答えた．

 彼は「そんなことは百も承知です．大病院でわざわざ人間ドックを受けようとする人の中には，いろんな病院の人間ドックの説明で満足できず，答えを求めてくる人も少なくない．例えば，肺がん脳転移で3年生きているような人がドックを受けに来る場合も無いわけではない．このような人の場合，人間ドックを担当する医師として何を言えば，彼ら"患者"は満足するのか，ということを聞いているのです」と突きつけてきた．

 私は「健診に来る人は『患者ではなく受診者だ』と思っています．がんの人でも基本的に予後[19]の話を受け入れて，『健康の説明＝昨日の状態と今日の状態，そして明日の状態が基本的に変化しない』，つまり，できることが減らないのが健康だと思います．相手ががん患者であっても，その意味での健康状態というのはあっていいと思います．診察室に入ってこられて話をし，その人にとって何らかの有用な情報を情報薬としてお出しする．『ああ今日はいい話が聞けました，ぜひ先生のおっしゃるようにやってみます，来年もまた来ます』と言ってくださるような面談をすることが臨床だと

---

[19] 見つかってから治療を行い，死亡するまでの平均日数．

思っています」と答えた．彼とは道が違うのだろう．

■ 2.6.1　がんに対する思い

　言うまでもなく，私の提示した「受診者が予後を受け入れた前提で，今日と明日がそれほど変わらなく過ごす，そのための知恵を与える」とは詭弁である．患者が自分の予後宣告を受け入れることなどできるはずはない．

　1988 年に研修を終えて赴任し，臨床医としての基礎を経験した滋賀県近江八幡市のヴォーリズ記念病院で，多くの悪性疾患の患者を担当した．今も昔も，悪性腫瘍に対して医師は統計的予後を受け入れざるを得ない．末期がんの患者に対して医学は無力である．疼痛に苦しむ患者には麻薬性鎮痛剤を出すか，あまり根拠はないがステロイド剤を出すこともあったように思う．化学療法薬は副作用があるため患者に大きな負担となる．患者を楽にしたいのか，「先生，少し楽になりました」と言ってもらって安心したいのか，というくらい絶望的な病気である．

　ただし，それは末期がんに限る．

　国立がんセンター中央病院で活躍しておられた消化器外科の S 先生は，NHK の番組に出演された時，「心疾患や脳血管障害は前触れなく襲い命を奪いますが，がんですぐに亡くなることはほとんどありません．もし，末期となったとしても，少し変な言い方になりますが，準備する時間があるというか……．私はどちらで死にたいかと言われたらがんと答えると思います」と言っておられたと記憶する．友人のがんセンター研究所の N 元室長は，「がん細胞に塩かけたろかと思うくらい死なない」と言っていた．最先端のがん研究者たちは，それでも歩みを決して止めない．

　ヴォーリズ記念病院で，新米医師の私にさりげなく「医道」をご教示くださった S 先生は，85 歳の末期胃がんの女性患者に対して，ステント式人口食道を食道下部に留置し，少しでも経口で食事ができるように工夫されていた．「たとえ何日延ばせるかわからな

くてもできることをする」のが臨床医だと示してくださった.

　技術も知識もない，単なる若い医師だった私は，この病院で本当にさまざまなことを経験した．がんを見つけることもあった．

　発熱で来院した患者の熱型から弛張熱[20]であることがわかり，全身のリンパ節腫脹から悪性リンパ腫を疑い外科に対診し，リンパ節検査から 10 日以内というスピードで悪性リンパ腫を確定，ステージング[21]を決め，化学療法のため大学病院に紹介したこともある.

　患者にとってはもちろんのこと，若年の医師にとって，見つけたらできるだけ早くどうにかしたいのが人情である．しかし，本当に経験のある医師は「あわてなくていい．しっかり診ることが最も大事」の姿勢を崩さない．初期の肺がんを外科に切除してもらおうとする時，腫瘍が大動脈に触れていないだろうと見切り発車して，外科が実際開けてみたら剥がせないのでそのまま閉じるということも少なくないのである.

　MRI や CT の最高分解能である数ミリという単位でも，大動脈にがんが浸潤しているかどうかを見分けることは困難である．進行胃がんだが局所だろうと（画像診断から，まだ腹膜側には出ていないと見えたので）開腹した瞬間，滋賀医大病院外科の F 先生が腸間膜に小豆状の転移を見て「おーい帰るぞ！」と本当に悔しそうに仰るのを聞いたことがある．指で触って米粒大は大げさだが，小豆大ならまちがいなく腹膜播種によるがん性腹膜炎と診断．そーっと撒かないように帰ってくる（閉じる）こともある.

　運が悪ければ，である．大半の"幸運"な患者たちは，そのような不幸に見舞われることなく，進行がんであっても無事に目的部位の切除を受けて健康な日々に戻って行く．初期のがんの治癒率は大変高いのである.

---

[20]　39℃ 以上の高熱が持続すること．解熱剤投与で解熱することもあるが再度上昇し高熱が続く.

[21]　病気の広がりや大きさから末期がんに比べてどの段階にあるかを表す指標.

2.6.2 がん患者とどう向き合うか

「少しでも早く見つけ，できるだけ正常な組織を傷つけずに的確に小さく切る」が，がんに対峙する時の基本である.

近年，飛躍的に進歩した内視鏡手術によって開腹する（お腹を大きく開ける）ことが少なくなり，手術後の回復に要する日数が激減した. 医師たちの「少しでも早く患者を日常に帰したい」という想いが技術革新を生んだのである.

さて，ここまで読んでこられて，読者諸兄は私が「がん」とひらがな表記していることを不思議に思われる方もあると思うので説明しておく.

がんは一つの疾患を表す言葉ではない. この疾患群は基本的に空気に触れる可能性のある細胞が悪性化（がん化）した上皮性（胃，大腸，肺，子宮など）のもの（「癌」と漢字表記されるもの）と，空気に触れない筋肉，骨，血液などが悪性化した「肉腫」があり，これら起源となる細胞の性状が異なる二つの疾患群を総称する場合に，「がん」とひらがな表記すると取り決められている.

実際，国立がん研究センターの Web で扱われる「がん」は 60 種類以上の疾患からなる. この多種多様性が，がんの本質であり，この疾患群との闘いを困難なものにしている.

2.6.3 標準的治療確立の困難さ

先に述べた抗がん剤開発が専門の N 先生によれば，「がん細胞は塩をかけても殺せるが，人体にがん細胞が殺せるほどの塩をかけたら人も生きてられない」ことが，抗がん剤開発の最も大きな壁である.

がん細胞の特徴の一つとして，正常細胞に比べて制御された細胞分裂が行われなくなり，際限なく増加し続けることが挙げられる. しかし，抗がん剤でがん細胞の分裂を止めにいこうとすれば，当然正常細胞の分裂も止まる. 例えば，胃の粘膜細胞の増殖が止まれ

ば，強い胃酸に常にさらされて死滅した細胞を補うための粘液細胞の供給ができなくなり，胃潰瘍となったりする．皮膚を覆う角質層は真皮の細胞が常に分裂して死滅し，残骸を供給し続ける結果，保たれている．細胞分裂を止めれば角質層の供給が止まり，皮膚に潰瘍ができる場合もある．

　細胞分裂を止めて最も大きな影響を受けるのは血液である．例えば，赤血球は骨髄幹細胞から分裂した赤芽球が脱核し（赤芽球が最終的に死んで），ヘモグロビンを多く含む袋状の赤血球となる"分化"を経て生じるし，血小板も同様である．細胞分裂を止めれば，これら生命維持に最重要の血液の生産が止まってしまうのである．患者は白血球，血小板，赤血球の供給が止まり，重篤な感染症により生命の危険が生じる．がんで亡くなる前に，"そんじょそこらの感染症"で肺炎を起こして亡くなってしまう．これでは何にもならない．

　そのため抗がん剤の開発は，強力な細胞分裂能力を止めることに加え，"いかにがん細胞を狙い撃ちするか"にかかっている．正常細胞には効かず，がん細胞にだけ効く細胞分裂を止める薬剤の開発を目指しているのである．全くの二律背反を実現する必要がある．

　抗がん剤の開発には膨大な経費と労力が必要である．NCI（The National Cancer Institute）では，毎年世界中で開発された化学物質数万種を入手し，効果判定のための"無限増殖するがん細胞"にこれら一つひとつをかけて増殖を抑制できるかどうかを判定する．いくつかの判定を経て毎年1回，有望な物質が発表されるのである．この化合物候補をターゲットに世界中のがん研究者の研究が行われ，有用性の高い物質を薬剤として選択していく．そして，抗がん剤としての作用と副作用に対する検討から臨床試験に持ち込まれて抗がん剤の候補となるのである．

　候補薬剤はヒトに初めて使う第1相試験，抗がん剤としての効果を判定する第2，3相試験を経て実用化される．しかし，この段階は容易ではない．

それぞれのがんは，元となった細胞の種類によって全く別の性状を呈する．例えば，胃の粘膜細胞を起源とする胃がんと同じような消化器系の内膜から生じた大腸がんでは性質が大きく異なる．胃がんに比べて大腸がんの成長はゆっくりしているが，切除できなかった場合，抗がん剤での効果はほとんど期待できない．これに対して，胃がんでは抗がん剤の効果が期待できる場合がある，などである．そのため，同じ場所にできたがん，例えば胃粘膜から生じた胃がんと胃のリンパ節から生じた胃悪性リンパ腫では，転移（肝臓や肺に移動し増殖すること）に関し，胃がんは肺転移のある場合に切除術を行うメリットが無いとされるのに対して，リンパ腫の場合，後の化学療法が期待できるため主病変を手術切除し，化学療法でたたくという治療（集学的治療）が行われる．

　このように，がんという疾患は多種多様であり，しかもそれぞれの患者において見つかるタイミング（ステージ）が異なる．そのため，同じ種類の同一部位に生じたがんの患者であっても個別に治療方針を検討し，最も生存率の高い方法を選択する必要がある．単に切れば良いというものではなく，起源となった細胞の性状によって手術後に化学療法を加えるなどである．

　難しいのは，同じ起源，同じステージの胃がんでも患者の年齢，性別，肝機能，腎機能など，さまざまな要因によって化学療法が使えない場合などの個別性があり，主治医によって選択方針が異なること，どの治療法が最も延命率の高い治療法かについての見解が得られにくいことである．

　これに比べて循環器疾患では，例えば，右冠動脈起始部の100％狭窄で発症した心筋梗塞の場合，心臓カテーテルを使用してこの部位を再疎通させ，ステントを留置するという治療法のほうが，バルーンによる冠動脈拡張術のみに比べて再狭窄が少なく，患者予後が良い（再梗塞率が少ない）という判断ができる．その結果，患者数が多いことと手技が比較的単純であることなどから，どの治療を行うのが良いかについて成果が得られやすい．

このように，がんの個別性と多様性が，標準的がん治療の確立にとって大きな壁となっている．

60種類以上もの別々の"病気"それぞれの生じる確率は，「がんは国民病である」と言われるようになったにせよ高くない．私の経験では，2500人の事業所でがんの種類を問わずに年間2〜3人が新たに生じ，ほとんどは早期発見で治癒される．1000人では年間1〜2人である．

白血病などのまれな疾患の場合，人口100万人当り年間20〜30人程度ではないだろうか．しかも白血病は，起源となった細胞の種類によって，治療法も予後も全く異なる．もちろん，それぞれの患者は別々の医療機関を受診する．治療する医療機関の設備も，主治医の力量も，考え方も異なる．これががんとの闘いを極めて困難にしている原因である．そのため，医師たちは全国で生じた同じ病気，同じ病期の患者に対して同じ治療法を試みることで，治療法の選択を行う仕組みを構築している．「多施設共同試験」である．

1996年，国立がんセンター研究所に研究員として採用された私は，右も左もわからないままJCOG（Japan Clinical Oncology Group）という組織のデータセンターの設立に参加することとなった．がんに対する多施設共同臨床試験を行う組織である．それまで下山正徳医師が，血液系の悪性疾患を対象に多施設共同試験を進めてきていたが，これを福田治彦医師は，全種類のがんに拡張し，同時に臨床試験の施行方法を標準化，データの管理をデータセンターに一元化しようとした．以来約20年，JCOGはわが国のがんの臨床試験をリードし，標準的治療への情報を発信し続けている．

最近，医師向け情報サイトで「多発性骨髄腫の第1選択薬は？」というクイズが出題された．答えを見て大変驚いた．「プロテアソーム阻害剤」という選択枝があったからである．多発性骨髄腫は骨髄由来の形質細胞という細胞ががん化して起こるが，治療法は他の骨髄由来の白血病と同様に抗がん剤＋ステロイド剤だと思っていた．ところが全く新しい種類の「プロテアソーム阻害剤」と

いう薬剤が上がっていたため,「こんなものがとうとう出たのか！」と驚いたのである．これは,がん細胞の中にしかない異常たんぱくを作るプロテアソームを阻害するための薬である．正常細胞にはこの酵素は少なく,高い選択性でがん細胞をたたくことができる．このような画期的な薬剤が10年に一つか二つ出現し,少しずつがん治療を変えていくのである.

2.6.4 がん登録への期待

ここまでお読みいただいたIT技術者諸兄の中には,昨今の医療ビッグデータを活用すれば,国内各医療機関のデータからがん患者を選択し,電子カルテのデータから主治医の行った治療を分析することによって,どのような治療が延命に役立つのかについての結果が得られるのではないかと考える方も多くいると思う.

実際,IT専門家・がんの素人だった1996年当時の私は,JCOGで行われる議論を聞きながら,「Webによるがん登録によって,患者自身が自分のために,自分の子供たちのために,自分のがんのことを登録し,受けた治療と自分のその後のデータを蓄積する方式をとればいいのではないか」と思った．1996年当時は,まだまだがんであることの告知を患者に行うかどうかについて,真面目に議論がなされていた頃である．今日のようにマイナンバーをキーにして医療データを一元化して収集管理すれば,数十,数百という単位ではなく数千,数万という患者データが早く得られるなどと考えるのは夢のまた夢だった.

京大時代の私の研究テーマであった「インターネットを基盤とし電子メイルを用いた包括的健康管理システムの開発」では,インターネットを用いて個人の受診履歴を登録し,医療機関ごとのデータリンクにより生まれてから死ぬまでの全医療データ,健康管理データの参照が可能になることを提案したが,1995年頃,これを厚生労働省に提案した時には,"国民総背番号制"の壁があり,実現しないだろうと言われた.

また，がんは国民病だが，伝染性疾患に対する場合のような社会的必要性（他の人にうつさないことで封じ込められるといったメリット）はない．個人の最高機密の一つであるマイナンバーを使ってまでデータ登録した時のその人のメリット（登録しても自分の病気が治るわけではない）に乏しいのである．患者自身にメリットのない社会システムは負担を強いても根付かせるのが難しい．

それから 20 年後の 2015 年に，国立がん研究センターがん対策情報センター（センター長：若尾文彦医師）は，それぞれの地域で保健所を中心に収集され，厚生労働省が統計値をまとめてきた院内がん登録と，地域がん登録制度を拡充体系化し，「どのがんで，どのステージなら，標準的治療を受けたら平均的予後はどうか」という統計値を明らかにするシステムを開発・公開した．

上述したように，それぞれの患者のがんの個別性や，担当した施設の医療レベルなど，さまざまな観点から一定の統計値を出していくことは困難である．それぞれの症例のカルテから「がんを読み記録する」プロフェッショナルの要請も不可欠である．しかし，標準的治療の確立を目指す JCOG とがん登録を担うグループによる地道な努力こそ，がん情報ビックデータの本質である．

2.6.5　研究者の思いが新規技術を生み，がんを治す

このようにがんとの闘いの原動力は「医師の想い」である．かつて在籍した国立がんセンターは，そのような特別な想いを持った医師が，それぞれの立場で新しいがん治療の開発に取り組んでいる．

1970 年代，国立がんセンターは胃がんに取り組み，レリーフ法という胃の造影法を確立した．国民のほとんどが受けたことのある「胃のバリウム撮影」である．発泡剤で胃を膨らませ，造影剤（バリウム溶解液）を胃壁に流し，あたかもレリーフのように造影する．これによってさまざまな胃壁の表面像を描出するのである．また，彼らはそれまで患者にとって大変な苦痛だった胃カメラを硬性

鏡[22]から今日の軟性鏡に変えた．光学機器メーカー（オリンパス）と共同で創り出したのである．あえて申し上げるが，工学的にこれは新規性のない発明である．

　もし，古典的工学的観点からの新規性，すなわち既存技術に比較して性能が向上するということを基本とするのであれば，軟性鏡は生み出されなかったかもしれない．胃の中を見るという機能を硬性鏡で実現していることが，胃カメラであるとすれば，わざわざ技術的困難を伴う新規開発を行っただろうか．初期の軟性鏡は，細いファイバーのドットで作像していたため，被験者が噛むとファイバーが切れて，中心部のドットが落ちるようなものだった．光学的に言えば，わざわざ解像度が悪い軟性鏡を用いなくても，硬性鏡を細く改造するなどの性能向上を目指した「改造」が行われれば，結果として軟性鏡の開発は遅れただろう．だが工学的理由からではなく医学的必要性が"新規"技術を生んだのである．

　このオリンパスが不正会計で危機を迎えたのだが，会社はどうあれ，世界中の患者のための技術を作り，これほど医学に貢献してきた会社が経営者の不正で云々されることはあってはならないと思う．TOSHIBA メディカルの CT で，超音波診断装置によって，いったいどれほどの患者が救われているか．何とか医療の技術開発を行っている部分だけは，別枠別扱いで大切にしてもらえないものだろうか．医師と患者の汗と涙を無駄にしてほしくない．

2.6.6　まとめ——がんになったらどうするか

　健康診断で「胸部レントゲンから結節性陰影があることがわかりました．至急医療機関を受診してください」というコメントをもらったらどうするか．まず，神に祈れ！である．最終的に，がんであるという診断，病期，起源となった細胞の性状により予後も治療法も異なる．すべて確率の問題．神の思し召しである．

---

[22]　棒状のパイプの先に付けたカメラで撮影する方法．患者に大変な苦痛を与えながら食道を通して胃に到達する．

時々知人から「身内にがん患者が生じたが，国立がんセンターを紹介してもらえないか？」と言われることがある．

主治医は彼の病気ががんであることを確定するために，どんなことでもしている．患者は主治医を信頼し，痛みに耐えて検査を受け，彼の言う治療を受けようとしている．医師は患者予後に対して，少しでも良いことは何でもするつもりでいる．もちろん，必要であれば上位の大学病院，そこでもだめなら少しでも可能性のある新しい治療法を行ってくれる施設に紹介しようとする．病気と闘い，患者を救うためである．この強いきずなに割って入ることは逆効果であるというのが私の見解である．

国立がんセンター病院の医師たちは（すべての大学病院，すべての先端医療機関の医師たちも），少しでも生存への可能性を求めて全国から来る患者に対峙し，休まることは無い．

患者にはさまざまな人がいる．同じようにがんを患い，治りたいと思っている人たちである．区別することはできない．しかし，国立がんセンターや癌研究会有明病院は，がんの最終病院である．最終病院には，確立された標準的治療によっても病状に改善の見られない状態の患者を救う，という使命がある．

どうか彼らの歩みを止めないでいただきたい．

| コラム | **情報処理学的観点から見た"がん"** |

　がんは約37兆個の人体のどの細胞からでも生じる可能性がある．全くないとは言えないが，筋肉，心筋，脳内の神経細胞など，基本的に細胞分裂しない（する必要がない）種類の細胞では，がんにはなりにくい．

　逆に，細胞分裂を盛んに行って生成–廃棄を繰り返すような器官，例えば胃粘膜からは胃がん，気管支粘膜からは肺がんが生じやすいほか，上述した血液系のがんも元の幹細胞から分裂が盛んに行われるため，がん化しやすい．がんは最初の1個のがん細胞が2個，4個と分裂して成長する．

　臨床上，がんとして認識できるのは5mmから1cmであろう．私は5mmではなく50mmのがんを見落としそうになって，S先生から「あれ？　これなに？」と，患者の左鎖骨周囲の陰影を指摘されたほどのヤブ医者だが，MRI，PET，CTの健診も一般化してきている昨今，5mmから1cmくらいでがんは見つかってほしいものである．1cmのがんを構成する細胞数は，大体10の9乗個である．1個から10の9乗個まで分裂して増えるのに一体何年かかったのだろうか？

　がん細胞の細胞周期[23]（G0の休止期からG1，12時間～2，3日，pre-DNA合成）は，S（通常2～4時間，DNA合成），G2（2～4時間，post DNA合成），M1（有糸分裂，この時はすでにDNA合成終了，1～2時間）という過程で分裂する．S→M1に必要な時間は，12＋4＋4＋2時間で大体22時間．ちょいと余裕で，大体1日（24時間）に1回の分裂と見積もる

---

[23]　メルックマニュアルによる．http://merckmanual.jp/mmpej/print/ sec11/ch147/ch147b.html

ことができる．とすると，がん細胞は 1 年に 365 回も分裂？こんな頻度で分裂したら 1 年で 2 の 365 乗＝ 7 × 10 の 109 乗個！ ということになってしまう．こんなことはありえず，実はもっともっとがん細胞はゆっくりと増殖しているはずである．さらに DNA は 30 億塩基からなるが，これを S 期だけで行おうとすると，3000000000 ＝ 3 GB/2 時間のコピーとなるが 416 kbyte/sec の伝送となる．

　もし，ビットで行うとすると，結構な伝送能力（約 3 Mbps，ご家庭のイーサネットは 100 Mbps）だが，これを発熱なし，エラーフリー電気要らずのクリーンなメモリとして使ったら…というのは難しいかもしれないが，要するにこの事象さえまだはっきりと 100% 解明されているわけではない．国立がんセンター時代，N 先生，PCR 法の S 先生らと馬鹿っ話をしていた時代が懐かしい．それにしても，DNA 複製の機構はあたかもすべて解明されているように思われているが "まだまだ" なのである．

　正常な細胞は，分裂できる回数をテロメアという塩基配列が規定している．テロメアは 1 回分裂するごとに短くなり，既定回数分裂してテロメアが無くなると，それ以降分裂できなくなり，その細胞グループは死滅する．また，正常な細胞は，隣に細胞があるとそれ以上分裂しない．このような正常細胞の行儀を，がん細胞はすべて無視して分裂を続ける．

　がんは単なる細胞の無限増殖ではない．なぜなら，女性は体重 3 kg もの胎児という「異物」を体内で育てることができる．良性腫瘍であった場合には 10 kg を超えるものであっても，患者は死には至らない．しかし専門家の友人によれば，「1 kg のがんで人は死ぬ」という．がん特有の何らかの "特別" があるが，いまだ解明されていない．

第3章

わが国のIT産業の実態

3.1 ホワイト or ブラック

　世間でIT分野はどのように見られているのだろうか．おそらく本書を読まれる多くの方がIT技術者であると想像されるが，世間からどのように見えているか，考えてみたことはあるだろうか．今後もIT分野に関わる産業は成長していくであろうという点においては，多くの読者も同意するところだろうが，IT技術者の置かれている環境がより良いものになっていくかは意見が分かれるかもしれない．

　一昔前，IT産業は花形と言われていた時代[1]があったが，昨今は勤務する環境が悪いとネット上の一部で書込みが行われるなど，IT産業は"ブラック"産業[2]と言われてしまうこともある．また2006年に入札が行われた特許庁のシステム受注に絡む問題が2012年に大規模に公表されたり，2007年には年金記録に関係するシステム等の問題が発覚したりと，大手IT事業者に絡む問題が次々と表面化した．さらに，これら事件と絡んで"ITゼネコン"などとも呼ばれる多重の下請け構造[3]も問題視されてきている．果

---

[1] 日本では1960年代にIT産業が誕生，1985年前後に多くの企業が情報処理部門を切り離した別会社を作ったことにより，他の企業にサービスする企業が増えた（出典：『わが国の情報サービス産業2014』，一般社団法人情報サービス産業協会，2015）．

[2] 2000年6月頃には既にインターネット掲示板上などでIT系企業，特にソフトウェア開発，システムインテグレータ等の企業の名前を出して待遇面や勤務実態などの批判がなされ，その中で「ブラック」という言葉が使われている．

[3] 総務省・経済産業省の『情報通信業基本調査』（2014年）によれば，1次下請けとなる企業数の割合が56.4％，2次下請けが24.8％，3次請け以降の下請けが7.8％（いずれも複数回答）で，下請けとなる企業の割合が多い．資本金が多いほど元請けの割合が高い．

たして IT 産業は花形産業，いわゆる「ホワイト[4]」なのか，それとも「ブラック」なのか，いったいどちらが現状に近いのか？IT 技術者の長寿と健康を考える前に，IT 産業がどのような状況にあるのかという点について実態を確認していこう．

3.2 統計にみる IT 産業

はじめに一歩引いた視点で俯瞰するため，統計データから客観的に IT 産業が置かれている現状を見てみたい．さまざまな情報が出回ってはいるが，一定の条件で収集されている政府発行の統計を見てみよう．IT 産業のデータと言えば総務省の『情報通信白書』がまず思い浮かぶ方も多いだろう．2015（平成 27）年度版では 2013（平成 25）年までのデータが記載されている．まずはこれを見ていこう．

総務省情報通信白書によれば，ICT 産業[5]の 2013 年の市場規模（名目国内生産額）は全産業中の 8.7％ で 82.2 兆円となっている（図 3.1）．これは全産業の中で産業別では最大規模となっている．しかしながら増加していた ICT 産業の名目国内生産額は，リーマンショックの影響か 2009（平成 21）年以降大きく落ち込み，その後，横ばいの状況である．金額ベースでは 2013 年は 1996（平成 8）年の水準（85.6 兆円）にまで回復していない．

次に経済の状況を考慮した実質国内生産額の推移を示そう．これも情報通信白書にまとめられている．2005（平成 17）年価格を基準とした実質国内生産額で見ると，2005 年以降は順調に増加し，2009 年に下落しているものの 2013 年でも 2006（平成 18）年

---

[4] ここではホワイトはブラックの反対の意味で，待遇面等が良い企業とした．ホワイトの名称の利用は，『東洋経済』（2013 年 10 月）の「2013 年版『ホワイト企業』トップ 300」やマイナビウーマン（2013 年 7 月）の「自分の会社を『ホワイト企業』だと思う瞬間『昼食が無料』『他社の悪口を言わない』」等の記事の例がある．

[5] 情報通信白書では用語として IT ではなく ICT を使用．

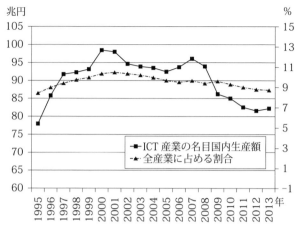

図 3.1 ICT 産業の市場規模の推移
(名目国内生産額の推移と全産業に占める割合)
出典：総務省「ICT の経済分析に関する調査」の数値を抜粋

程度の水準を維持している．これは他の産業に比べて年平均 3.6% の成長率となり，全産業に比べて最も高い．しかしながら全産業にわたり生産額は減少しているため，金額ベースでは増えていない．国内総生産（GDP）からも同様のことが言える．さて次は売上高を見てみよう．2013 年は 44.5 兆円で，その内の 36.3% を電気通信業が占め，続いてソフトウェア業が 31.5% となっている．ここ数年はソフトウェア業とインターネット付随サービス業の売上に占める割合が増加している．さて企業規模はと言えば，ソフトウェア業，情報処理・提供サービス業では資本金が 1 億円未満の割合が 6 割近くに及び，他の情報通信産業の業種と比べて中小企業の比率が高い．企業の安全性を見るための指標の一つとして，当座比率（当座資産／流動資産）というものがあるが，経済産業省企業活動基本調査によると，情報通信業は 2013 年度に 154.6% と高い数値を示しており，他業種平均 113.6% よりも高く，学術研究，専門・技術サービス業と並んで，ここ数年を見ても安定して高い数値を示している．また，民間企業の設備投資に占める情報化への投資比率も緩やかに上昇している．情報化への投資割合であるが，

2010〜2013年にかけて電気通信機器やソフトウェアは横ばいであるのに対し，電子計算機に対する投資の割合が増加している．雇用者数は2013年時点で404万人と全産業の7.1%を占めており，2012年に比べて1.9%増加している．ICT産業の多くの雇用は2012年よりも減少しているが，インターネット付随サービス業の雇用者は15.5%増（放送業は3.3%増）と大きく増加している．

　ここまでIT産業の全体像を見てみたが，もう少し個人に関わる統計を見ていこう．一人当りどれくらい稼ぎ出しているのか，また稼ぎ出したものがどれだけ給与として分配されているかを見てみる．これは先ほどと同様，経済産業省企業活動基本調査に出てくる．一人当りどれだけ稼ぎ出したかという点は労働生産性という数値に関連しているが，これは情報通信業では，2013年度は1009.7万円となっており，ここ数年わずかながら増加している．それに対し，生み出した価値がどれだけ給与として配分されているかという数値の労働配分率は56.8%であり，ここ数年若干減少している．生産性は上がっているが配分率が減っているということは，配分金額はほぼ一定であることが推測される．平均すると一人当り給与総額として約573万円前後が配分されていることになる．同じ統計の全体平均では，給与総額は420万円前後となる．これだけを見るとIT産業は平均よりも高いと言える．この数値は正社員も非正社員も合わせてということになるため，単純には比較できないだろうが，読者の方々の感覚と合っているだろうか？

　ここまで総務省と経済産業省の統計データを示したが，これらの統計が意図的かそうで無いかは別として，単純にまとめられたデータを比較することはできない．実は総務省統計局の業種コードの分類では，情報通信業には信書送達，放送，情報サービス，インターネット付随サービス，映像・音声・文字情報制作（出版等）が含まれており，これらが数字に大きく影響してくる．放送業がIT産業かという点については議論が分かれるところだろうが，先ほどの

給与総額の平均値をかなり押し上げているのが実は放送業[6]なのである．またこの節の冒頭に出てきた GDP や雇用者数の数値が大きく見えるが，これは製造業や建設業に含まれている情報通信機器や電気通信施設の建設に関わる業種を抜き出して合算した数値だからである（ICT 産業と表記）．このように，わかりやすく公表されているように見えるデータも，分類自体が異なるため比較できないことが多く，これらのデータからなかなか実態をつかむことは難しい．このため読者の方々の感覚とずれてしまうことが往々にしてある．

3.3 ストレスを感じる割合と余暇

さまざまな調査結果から国民生活に関するさまざまなテーマをまとめたものとして内閣府の『国民生活白書』が毎年発行されていた．消費者庁の発足に伴い，残念ながら 2008（平成 20）年版を最後に発行されなくなってしまった．この 2008 年版の第 1 章にストレスについて記載されており，この当時から関心の高い事項であったことがわかる．日常的にストレスを感じている割合は 2003〜2004 年から既に 5 割前後[7]となっており，2008 年の内閣府の調査でも「ストレスを感じる」と回答した割合が 57.5% と過半数を占める状態[8]となっている．この内閣府の調査では，15 歳以上 80 歳未満が対象となっているが，15〜19 歳の年齢層でも既に 52% あまりがストレスを感じると回答している．ストレスを感じるという回答が一番多いのが 40 代，続いて 30 代，20 代，50 代の順となっている．どれも 60% を超える高い割合となってい

---

[6] 詳しい数値等は，総務省・経済産業省『平成 26 年情報通信基本調査』やそれらをまとめた平成 27 年度版『情報通信白書』を参照されたい．
[7] アサヒビール株式会社お客様生活文化研究所「食と健康のセンサス」のデータが利用されている．首都圏の 15〜69 歳の男女 1000 人が調査対象．
[8] 全国の 15〜79 歳の男女 4163 人が調査対象．

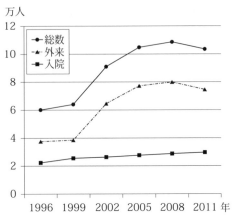

図 3.2 気分［感情］障害（躁うつ病を含む）に分類される推計患者数の推移
出典：厚生労働省の患者調査（毎年 10 月に調査）の数値を抜粋

る．ストレスの原因として回答している内容は，「収入や家計に関すること」が最も高く，次いで「仕事や勉強」，「職場や学校における人間関係」，「自分の健康状態」と続いている．厚生労働省の患者調査によると，「気分［感情］障害（躁うつ病を含む）」に分類される推計患者数は 1996 年には約 6 万人だったが，2005 年では 10 万人を超えた．2011 年のデータでも約 10.4 万人いるとされる（図 3.2）．うつ病については第 2 章にまわすとして，内閣府のデータを引き続き見てみよう．ストレスを感じないと回答した人は，ストレスを感じると回答した人に比べ，平日の労働時間が短い傾向にあり，正社員では管理職か否かにかかわらず少ない数である．また，ストレスを感じないと回答した人は「大都市でも町村でもない都市部」の居住者が 6 割を超えると内閣府の発表にはあるが，言い換えると地方都市の居住者ということだろう．さらに 2008 年の内閣府国民生活選好度調査では，ストレスと休みの関係について特別集計されている．この集計では，ストレスを感じないと回答した人の 3 割以上は，休日以外の日でも自由時間が 5 時間以上あると回答している．公益財団法人日本生産性本部『レジャー

白書2011』によると，余暇時間が1年前より「増えた」と回答した人は2007年から増加しているが，2010年でも22％程度である．それに対し「減った」と回答した人の割合は毎年ほぼ変わらず25～30％程度であり，余暇時間に関しては二極化している．

3.4 IT技術者は本当に休めているのか？

ストレスと休みについては前述のような調査が出ているが，IT産業に働く人々は果たして休みをとれているのだろうか？ 2014（平成26）年の厚生労働省『就労条件総合調査』の結果（2013年分または2012会計年度を集計）から読み解いてみよう．まずは労働時間の体系であるが，フレックスタイム制など変形労働時間制かどうかを見ると，変形労働制は情報通信業では28.6％で全体平均の48.6％よりも低く，規定の勤務時間は固定化されている人が多い．また事業所外でのみなし労働や裁量労働制の適用を受けている人の割合であるが，事業所外でのみなし労働は4.1％（全体平均は6.9％），専門業務型の裁量労働制[9]は7.1％（同1.0％）となっており，専門業務型裁量労働制が他業種と比べて圧倒的に高い．これは専門性の高い学術研究，専門・技術サービス業の4.2％よりも高い割合である．次に企業が定めた所定労働時間を見ると，労働者1人平均の時間は全体で7時間43分，情報通信業では7時間42分，週所定労働時間は全体平均が39時間29分，情報通信業が38時間39分となっている．また週休制について，完全週休2日制を採用する企業は全体平均で46.9％（何らかの週休2日

---

[9] 専門業務型裁量労働制とは，業務の性質上，業務を行う手段や方法や時間配分等を労働者の裁量にゆだねる必要があるとされた業務で，厚生労働省令および厚生労働大臣告示により定められており，対象となる業務を労使で定めて，その業務に就いた場合にあらかじめ定めた時間働いたものとみなす制度．IT技術者に関連するものとしては，情報処理システムの分析または設計の業務，システムコンサルタント，ゲーム用ソフトウェアの創作の業務等が定められている．

制は84.3%）であるのに対し，情報通信業は89.2%（同97.1%）と最も高い．また年間休日総数は，労働者1人平均121.2日であり，電気・ガス・熱供給・水道業と並び他業種よりも多い．全体平均が112.9日であるので，休日は年間で1週間以上も多いことになる．

年次有給休暇はどうだろうか？　同じく2014年厚生労働省就労条件総合調査によると，多くの業種で年間18〜20日程度の日数が付与されている．情報通信業の平均は19日である．取得率はというと57.7%であり，全体平均が48.8%であるので，取得率は高いほうと言える．

全体としてみると，みなし労働は多いものの，勤務時間や休日の日数や有給休暇取得率を見る限りでは，他業種とさほど変わらないと言える．

さてここまで，IT技術者は勤務日数から見ると休めているはずという統計を見てきたが，果たしてそうなのか？　日数ではなく時間で見てみよう．厚生労働省『毎月勤労統計調査』の2014年度平均統計表を見てみると月間労働時間が載っている．これによると情報通信業での月間総実労働時間は164.3（全体平均145.2）時間であり，運輸業・郵便業，建設業に次いで長い労働時間である．内訳を見ると，所定労働時間は145.6（全体平均134.2）時間，所定外労働時間は18.7（全体平均11.0）時間となっており，残業時間は運輸業・郵便業の次に多い．みなし労働が多いことも加えると平日はあまり休めていない実態が浮かび上がってきそうである．

3.5　労災にみるIT業界

どうしてIT業界はブラックと言われてしまったのか．これはある資料から抜き出した一部のデータを，センセーショナルに取り上げるメディアがあったことも一つの要因として考えられる．その資

料とは，厚生労働省「過労死等の労災補償状況」のことであるが，ここでは 2014 年度のものを見てみよう．

　この資料では主に脳・心臓疾患と精神障害の労災請求・決定件数についてまとめられている．2014 年度の脳・心臓疾患の労災決定件数は情報通信業で 22 件（全業種では 637 件）である．この資料の中には支給決定件数の多い上位 15 業種（中分類での区分[10]）も列挙されていて，「情報通信業」の中の「情報サービス業」が 5 件と上位 8 番目に入っている．しかしながら，これだけでは多いと言い切ることができない．なぜなら就業者数は各業種で異なるため，件数が多くても就業者数がそれ以上に多ければ割合は高くないからである．就業者数は「総務省労働力調査」からおおよその値はわかるため，これで割合を比べてみると就業者数の 0.01% 程度となり，全業種平均と比べるとほぼ同じで若干低い[11]．運輸業・郵便業の業種が高いが，それ以外は大きく変わらない．業種ではなく職種での支給決定件数は，輸送・機械運転従事者の割合が 30% 程度と最も高く，続いて専門的・技術的職業従事者，管理的職業従事者が 15% 程度と続いている．時間外労働別の支給決定件数で見ると，時間外労働が 1 か月平均で 60 時間未満では 0 件であるのに対し，それ以上になると急激に決定件数が増えており，特に 80〜100 時間では 105 件と最も多い．また支給決定件数の約半分が死亡している．

　次に精神障害の労災決定件数について見てみよう．これも先ほどと同じ資料を参考にすると，情報通信業では 80 件（全業種では 1307 件）である．支給決定件数の多い業種（中分類）の中に「情報通信業」，「情報サービス業」が 16 件と上から 6 番目に多い業種として挙げられている．これもまた就業者数も含めて確認してみる必要があるだろう．先ほどと同様に就業者数の人数比で見ると，就

---

[10] 　日本標準産業分類では産業を約 100 の中分類に整理している．
[11] 　支給決定件数の上位以外は業種（大分類）の数値だけであるため，ここでの計算は大分類のみとした．また労働力調査の就業者数の分類と多少異なっている部分はその他業種に入れて比較した．

業者数の0.03%程度となっており，全業種平均が0.02%程度であるので若干高い傾向にある．この件数の割合も運輸業・郵便業が高い傾向を示す．

さて職種による分類では専門的・技術的職業従事者の割合が22%と最も高く，次いで事務従事者となっている．2013年度と比べ，管理的職業従事者の決定件数が倍以上になっているのが特徴的である．職種（中分類）別の決定件数の多い職種の上位に「専門的・技術的職業従事者」の「情報処理・通信技術者」が18件と8番目に多い職種として挙げられているので，IT技術者は脳・心臓疾患以上に注意されたい．年齢別では30代，40代が多く，合わせて全体の約60%を占めるが，他の年齢層も決定件数が多いので全年齢にわたって注意は必要である．また決定件数のうち自殺が約6分の1となっているのが特徴である．この精神障害の場合は時間外労働が20時間未満の割合が最も高く，労働時間だけが必ずしも要因となっているわけではないことが推測できる．支給決定の具体的な出来事として，上司とのトラブルや嫌がらせ，いじめ，仕事内容の大きな変化などの職場環境に依存する事柄が最も多く，それに続いて悲惨な事故や災害の体験や目撃，80時間以上の時間外労働などが挙げられている．職場環境が変化する際の精神的な負担を考える必要があるだろう．

3.6 職場での対策はどこまで行われているのか？

労災等の防止のため，リスクアセスメントを実施している企業が増えているが，その割合は厚生労働省の労働安全衛生特別調査（労働災害防止対策等重点調査）にてまとめられている．2011年分がまとめられている資料を基に見てみたい．何らかのリスクマネジメントをしている企業は情報通信業では37.8%（全体平均46.5%）と低いが，これは作業自体で直接的な危険性を伴う事象が比較的少

ないためとも考えられる.

労働安全衛生法で事業者の努力義務とされている受動喫煙防止対策を行っている事業所の割合は，情報通信業の99.2%（全体平均83.9%）と非常に高い割合であるが，他についてはどうだろうか.

さて，これまでも労働時間について何度か出てきたが，同じ資料の長時間労働者への医師による面接指導等に関する事項について見てみよう. 1か月の間（2011年10月1日〜31日）における時間外・休日労働についての調査がある. これを見ると情報通信業で1か月当り時間外・休日に100時間を超える労働者がいた事業所は13.2%（全体平均7.6%），80〜100時間が24.5%（同9.8%），45〜80時間が60.4%（同28.4%）といずれもかなり高い割合であり，長時間労働の傾向があることがわかる. 長時間労働者への医師による面接指導等は情報通信業では28.9%（全体平均14.0%）の事業所で実施されており，平均よりは高いがまだまだ低い割合である.

次にメンタルヘルス不調により休業・退職した労働者の状況を見てみたい. 先ほどの労働安全衛生特別調査の記載から見ると，情報通信業では「メンタルヘルス上の理由により連続1か月以上休職または退職した労働者がいる」事業所は25.4%（全体平均9%）となっており，高い割合となっている. またこの休職後に復帰した労働者を抱える事業所の割合が多く，約35%の事業所では全員，約27%の事業所では4〜6割の労働者が職場復帰したと回答している.

メンタルヘルス不調により連続1か月以上休職または退職した労働者の数について，この労働安全衛生特別調査では約65%の事業所で前年とほぼ同じ，大規模な事業所になるほど増加していると回答している. またメンタルヘルス不調を抱えた労働者がいると回答した事業所の割合も，大規模な事業所になるほど同様に増加している. メンタルヘルス不調を抱えた労働者の把握は，多くの事業所（約60%）では上司または同僚からの情報によるもので，定期

健康診断の問診等からは 26% 程度しか把握できていないという結果が出ている.

何らかのメンタルヘルスケアを行う事業所の割合は,情報通信業では 66% で,全体平均(43.6%)に比べると取り組んでいるほうである.取組みの多くは労働者や管理監督者への教育研修・情報提供や,社内のメンタルヘルス窓口設置となっている.多くの事業所でメンタルヘルスケアを行うにあたり,職場配置・人事異動等や個人情報の保護への配慮が留意事項として挙げられている.また職場復帰の支援も,主に職場配置・人事異動や短時間勤務や残業等の禁止の配慮をするという事業所が多い.

定期健康診断は,大きな事業所ではほぼ 100% 実施されているが,数十人規模の小さな事業所となると実施率が低い.また定期健康診断で異常の所見があった労働者がいる事業所のうち,医師等から意見聴取を行った事業所の割合は全体平均で 82.6% となっている.大規模な事業所では 100% に近い割合で行われているが,小さな企業になると行われていない.また医師等からの意見聴取の結果,再検査や精密検査の指導を行う事業者は全体平均で 86% であるのに対し,就業場所の変更や作業転換,勤務の軽減などを実施している事業者の割合は,大規模企業を除くと極めて低い.ここまで長時間労働者に労災決定が多いというデータを示してきたところだが,実際には長時間労働者への医師による面接指導等は,全体としてほとんど行われていない(実施が全体平均で 7.2%).

精神的ストレス等であるが,仕事や職場で強い不安や悩み,ストレスを感じている労働者の割合は全体平均 32.4% であり,正社員に多い傾向にある.その中で相談したい相手として事業所内の相談窓口を挙げている労働者の割合は 1 割程度であり,事業所で相談窓口を設けても労働者側は相談したいと感じていないというミスマッチが浮かび上がってくる.

2015 年 12 月からは労働安全衛生法が改正され,常時使用する労働者に対し,医師,保健師等による心理的負担の程度を把握する

ための検査（いわゆるストレスチェック）を行うことが労働者 50 人以上の事業者に対して義務化された（50 人未満の事業者については努力目標）．また検査の結果，一定の要件に該当する労働者から申し出があった際には，産業医（医師）による面接指導を実施することが事業者の義務となった．しかしながら，このストレスチェックは定期健康診断と異なり，本人の同意が無い場合には検査結果が事業者へ提供されることは無い．そのため検査の結果，高ストレス者に該当した場合に，労働者本人が何らかの対応を取る必要があるという点は変わらない．

3.7 統計から浮かび上がる IT 技術者の群像

　ここまで政府統計のデータをいくつか出したわけだが，IT 技術者の群像が少なからず浮かび上がってくる．制度上の休暇日数が多く，有給休暇の取得率は高い．1 年を通して見ると休みの日は他の業種より 1 週間程度多い．しかしながら十分休めているかというと，実は平日は勤務時間が長い．他の業種と比べて規定の勤務時間も若干長い上，残業も多い．さらに裁量労働制の労働者の割合も高い．裁量労働制の場合は，統計上では残業時間等に表れてこないため実際のところはわからないが，そうでない労働者の勤務時間も長いので，裁量労働制の労働者も勤務時間が長いことが容易に推測できる．

　平日の勤務時間が長いため，当然ながら平日の余暇時間は短い．その場合，統計的にはストレスを感じる割合が高い．長時間労働になると脳・心臓疾患による労災が増え，これは専門的・技術的職業従事者にも多い．また管理職も同じ傾向にある．これは身体的な影響が大きいが，精神面でも専門的・技術的職業従事者は労災の決定が多い．そこまでいかないとしても，メンタルヘルス不調により 1 か月以上休職する労働者がいる職場がこの業界に多く，休職した労

働者の多くは再度職場へ復帰していくという状況である．

　このように専門的・技術的職業で長時間労働のため，ストレスフルな状態に置かれがちなのが IT 技術者であるとも言える．このために職場ではメンタルヘルス窓口の設置はされてはいるが，実際に利用したいという労働者が少ないというミスマッチな状況である．早期にストレスフルな状態を発見し，適切な対処がされにくい状況であるため，IT 技術者自身が日頃から気をつけておく必要があるだろう．

　ここまで見てきた限りでは，残業をできるだけしないようにして休日の余暇時間を十分に確保し，ストレスフルな状態を解消し，少しでも気にかかることがあれば，相談窓口が用意されていることが多いので早期に相談するのが良さそうである．言われてみれば至って普通のことではあるが，統計データからも同じことが見えてくるのである．

第4章

IT産業の技術者を大切にする
——適切な開示制度を

4.1 技術者の健康

4.1.1 問題意識——技術者たちの健康状態が危惧される

　IT産業で働く人々，とりわけ，技術者たちの健康状態が危惧される．公認会計士の立場からも，何らかの提言が要るのではないか，とわが研究所の理事長，中川医師の指摘に，我とわが身を振り返ってみた．

　私も，かつてIT産業に身を置いたことがある．SEの真似事や，経営の立場から技術者の行動に関与してきた．その当時，どれだけ彼らの健康のことに留意していただろう．現在，職業的にはIT技術者たちと直接の関係はないが，間接的には公認会計士として財務諸表監査に伴うシステムレビューでその仕事の一端に触れ続け，そして職業とは離れるが，現役のプログラマたちとの交流を日常的に行っている．それは，私がこの2年ほど，いわゆるiPhoneアプリの開発を趣味として行うようになったからである．そもそも私がiPhoneアプリの開発を趣味的にでもしてみたいと思ったのは，IT産業に関わりながら，最も根本のプログラミングを全くせずに終わってしまうのが寂しい，と思っていたからである．それが，ようやくこの年になってプログラム作りを学ぶことができるようになり，多くのプログラマと交流する機会を得た．

　プログラマたちの生き方を間近で見ると，とても自立しているように思える．自分の仕事を自律的に処理している．仕事の仕方その

ものはとてもクールであるが，他のプログラマへの温かい眼差し
と，失敗を教訓化し分かち合う姿勢，その具体的行動力には感嘆す
る．そんな彼らはとても健康的に見える．

　だが，すべてのプログラマがそうであるとは思えない，むしろ，
私が交流するプログラマたちは例外なのだろう．彼らのほとんどは
会社の従業員としてのプログラマではなく，独立した，いわゆるフ
リーのプログラマである．彼らは自立し，自律している．仕事を選
び，その質と価格と納期を自分で決められるという意味で自立して
おり，仕事のやり方，手順，方法を自分で決められるという意味で
自律している．才能に秀でているからこそできる例外的なことなの
かもしれない．

　では，圧倒的多数の，従業員としてのIT技術者たちはどうか．

　これまで直接関与してきたいくつかの情報システム企業は，中
堅どころ，つまり，10～1000人程度の企業であるが，納期を目
前にして，社員たちが必至の追込み作業をしているのを私は知っ
ているし，客先に泊り込みでシステム不具合を直している人，不採
算の案件の修復に駆り出されている人たちがいるのも知っている．

　私自身が，かつて自治体財務システムを受注しPM（プロジェク
トマネージャ）を務めたときのことだ．開発終盤で，中核となって
いた外注のエンジニアが消えてしまった（失踪）．とうとうプロジ
ェクトは中断．しかし，会社は責任をとらねばならないから，私は
そこから外され，交代した後輩のSEが会社を挙げて対応し完成さ
せたというとんでもない失敗がある．後輩と経営陣には，プロジ
ェクト管理が杜撰，あるいは強引と，さまざま指弾され泣いたもの
だ．しかし，私よりもっと泣いたのは，私とともにいたサブの技術
者のPMであったはずだ．その当時のことを思い起こすと今も暗
い気持になる．当時，病気にならなかったほうがおかしいくらい
だ．

　産業医の中川氏はIT技術者を守ろうとする．

　その成果か，会社では人々が技術者の動向の何に目を向けたらよ

いかがわかってきて，経営層もプロマネたちもエンジニアたちも，勤務のあり方に注意を払うようになってきたようだ．しかし，そのような境遇に恵まれていないエンジニアたちも多いに違いない．

今日，政府の音頭で企業価値の向上には従業員の健康を大事にしなければならないとする，健康経営[1]の動きが広がってきているが，わが IT 技術者たちの健康はどうなっているのだろう．

4.1.2　外からはわからない

IT 企業，情報通信・システム事業での技術者の健康状態はどうなっているのか，外から見ることができるのだろうか．いや，そもそも，企業における人々の健康状態を，外から見ることができるのだろうか．

統計的な数値としては，労働災害や業務上の疾病の推移を厚労省の「業務上疾病調」などで知ることができるが，あまりに総合的であり，また個々の報告の粗密もある．

企業が自分の活動を一般社会に情報として提供することは，企業 PR に結びつくこと以外には，限られている．

上場会社の有価証券報告書や CSR 報告書，統合報告書などの企業活動の報告書が登場しつつあるが，そこにも従業員の健康状況に関する具体的な記述の例は少ない．これまで，従業員の健康問題を積極的に取り上げる意味はないとされていたのであろう．一般の人から見れば良くて当り前であって，ことさらそれを公にして不測のことが起これば，極めてばつの悪い恥さらしになってしまう．

しかし，一人の社員が過労死自殺して家族から損害賠償の訴えを起こされたとしよう．そして彼が上司の「命令」によってサービス残業していたとしたら，会社の責任はいかほどになろうか．そのようなリスクを感じないわけではないだろうに．

---

[1]　政府が力を入れている「健康経営」は，「従業員の健康保持・増進が，将来的に収益性等を高める投資であるとの考えの下，従業員の健康管理を経営的な視点から考え，戦略的に取り組むこと」．http://www.meti.go.jp/policy/mono_info_service/healthcare/downloadfiles/meigara2015report.pdf

これまで従業員の健康状況は企業価値と関連させて捉えてはいなかったからだろうが，現在でも，健康に関する費用は価値を生まないコスト（この場合はロスと言うほうが言葉の意味で正しそうだ）と意識する向きが多い．

いわゆる健康管理予算は，福利厚生費に分類され，社員サービスの一環として取り扱われていることが多い．その福利厚生費は，社員サービスが充実しているかどうかという程度の「軽くみられる」指標ではなかろうか．

私が席を置いた中堅のIT企業では，顧客から要求されたことを解決するために，相手先の会社につめて，連日，徹夜に近い形で勤務し，とうとう問題を解決した何人かのプログラマがいた．また，自分で構想した処理がうまく機能せず，悪戦苦闘の末，職場を離れて帰らなかった中堅技術者もいた．そして，冒頭に述べた，消えてしまった技術者が何に悩み，なぜ消えたのか，今もわからない．しかし，何らかの法的責任につながっていなければ，彼らの働きや健康に関する状況は表に出てくるものではない．

今回，いくつかの企業の知人に個別に聞き取りをしてみたが，メンタルを含め健康に問題のある技術者が多いと答えた企業は，意外にも少なかった．しかしそれは，この聞き取りの相手が，営業部門や企画部門の幹部であったこと，また，極めて大手の企業であったことが理由なのかもしれない．というのは，著者の周辺にいる派遣的な請負開発を行っている（優秀な）技術者からは，自分が採用されたのは前任者が「メンタルでやられた」ため，その交代要員としてだという．また，現場を担っている小企業の技術者に直接聞くと，そのような疾患に陥っている人は現に何人も知っているという．これは，隠されているのではなく，企業内部でも，当の従業員の周辺のほんのわずかな者しか知りえていなくて，幹部といえども人事労働部門以外であれば実態を知らずにいるのではないかと思ったのである．

つまり，一般の人の目に触れるのは，何であれ，不幸な事態に陥

って訴えが起こされたときや，当局の規制条項に違反して指導を受けた時だけではないだろうか．

4.1.3 従業員の健康規制

　従業員の健康管理は，基本的には労働安全衛生法が規定している．そこでは，健康診断を出発点に，会社側には社員の健康管理を求め，従業員個人には病気の早期発見と健康意識の向上を促す．会社には健康診断を従業員の就労の可否，職場配置，就業の適否の判断材料とさせている．そして，直接的な職業性疾病予防措置や，有害な業務を行う作業場に関する環境管理措置を置く．

　しかしながら，これらはわが国の経済をけん引してきた従来の製造業，建設業等に従事する人たちの保護を中心的な課題としてきた．そのため，直接的な規制は肉体的に過酷な現場を想定したものとなっている．確かにIT産業の事業場の作業環境はほとんどの場合，机，パソコン，椅子，本棚などである．溶鉱炉前の作業のように常に周囲の温度管理を徹底していなければバタバタと人が死ぬような環境ではない．また，トルエンやキシレンなどの洗浄を行うための有機溶剤が使用されていて換気を怠れば肝機能障害など重篤な健康障害を起こすような環境でもない．

　そうかといって，IT企業の事業場は安全なのだろうか？　細かくなるが，サーバールームは一種特殊な環境である．19インチラックが林立し，マシンが大量に設置されている．それら一つひとつから高速に回転する冷却用ファンの騒音があふれ，とてもうるさい．空調は機械を冷やすものであって，人間が作業する温度に設定されているわけではない．ラックの列の間には何本も臨時の通信用ケーブルが垂れ下がり，照明が十分でなければ歩行にあたって首を吊る可能性だってある．エンジニアはこのような環境でプログラムのエラーを長時間にわたって修正しなければならないことも少なくない．作業するエンジニアが心疾患のリスクを持っている人だったら心筋梗塞の危険性もあろう．我々，本書執筆チームでの議論の

中では,「これなど,起こったら『労働災害』だろう,だから,このような作業における作業基準や,そこで働く労働者の特殊健康診断[2]も必要だ」との意見も出た.

この他に,企業での不自然死の問題への対応として2015年からは各企業に対する労働者のメンタルヘルス対策が打ち出された.さまざまな場と原因で生じる「うつ」に対しては万全なものとは思えないが,これを契機により対策が充実されていくことが期待される.

4.2 従業員の健康と企業の価値

ここで,観点を少しずらして,一般的な企業経営における従業員の健康に関する動きをみてみよう.

4.2.1 健康経営・健康投資

政府が「日本再興戦略」(平成26年)の中に「健康・医療戦略」(健康経営)を位置づけているのは前述のとおりである.

企業に働く人たちの健康の向上策は,新しい市場を創造するだろうとの考えに基づくものであるが,それはそれとして人々の職業生活が健康的になるならばよいだろう.

健康経営に関しては地方自治体レベルでの取組みも盛んになってきた.神奈川県では「未病への取組み」が企業,団体にも呼びかけて行われている.

いくつかの企業が積極的に健康経営に取り組んでいる.コニカミノルタは「健康がすべての基盤」だとして,健康第一の企業風土の醸成を社内に呼びかけており,同社のCSR報告書には健康が一つの重要な施策としてページが割かれている.従業員の健康度可視化

---

[2] 危険度の高いサーバー室での単独作業において,心疾患やてんかんなどの基礎疾患のある場合の健康管理などである.

のため，従業員の健康度を示す指標を定めて共有を図ろうとしている．経営コンサルティングのリンクアンドモチベーションは，組織人事コンサル事業を行っているが，「従業員のモチベーションこそが企業の競争優位を創り出す」として，「健康管理」を専門に行う部署を設けている．

日本政策投資銀行では，「DBJ 健康経営（ヘルスマネジメント）格付」というものを始めた．これは，従業員の健康配慮への取組みに優れた企業の格付けを高くして融資条件を良くしようとする融資メニューである．企業審査で健康経営スクリーニング（健康経営格付）を実施して，融資後のモニタリングも実施するという．これまでは花王などが対象になった．企業側は，金利が多少下がるという経済効果よりもイメージが向上することを期待しているのだろう．

同じインセンティブ施策に，経済産業省の健康経営銘柄選定というものがある．これは，経済産業省が東京証券取引所と共同で設けた「長期的な視点からの企業価値の向上を重視する投資家にとって魅力ある企業」という格付けである．昨年は上場会社に対して「従業員の健康に関する取組みについての調査」を実施し，①「経営理念・方針」，②「組織・体制」，③制度・施策実行，④「評価・改善」⑤法令遵守・リスクマネジメントという五つの側面からスコアリングを行い，さらに，財務面でのパフォーマンスが良い企業として，22 社を選定した．アサヒグループホールディングス，東レ，花王，ロート製薬などが入っている．前述のコニカミノルタもそうである．著者がかつて勤務した神戸製鋼も含まれている．確かに，従業員のヘルスケアについては，従来から地道に取組みを行っており，著者もお世話になったことが思い出される．

このように，先進的な取組みを始めている企業はあるが，それでも，企業の健康活動に関する情報提供は，企業の PR 上のもの以外には限られている．従業員の健康に留意したからといって企業価値の向上には直結しない，おそらく多くの企業では，そこそこの水準であればよいとしているに違いない．その水準は法規制のレベルだ

ろう．そうであれば，内部で起こっていることを表に出す習慣は生まれない．

4.2.2 企業の価値

企業の価値と経営資源

企業価値とは何だろう．

資本主義経済では，すべての財・サービスが商品として登場する．企業もその範疇の外にはなく，むしろ企業そのものが一個の商品として社会全体，経済循環の中心に置かれる．「企業価値」とは商品としての価値である．

〈企業の社会的価値〉

企業は，他人の欲しがる物・サービスを持続的に提供する．企業の価値の根本はそこにあって，しかも，それを持続しうるかどうかが重要である．

事業がうまくいっているということは，その企業の商品・サービスが，人々に（値段をつけて）求められる＝購入されるということであり，それらの商品・サービスを生み出すためのコストを賄って充分に足りているということである．

それに失敗したならば長くは生きていくことができない．良い製品を今日提供したとしても，明日もそれが継続して提供できなければ，企業は存続できない．企業は利益を出し続けなければ命を持続させることができない．

そして，そのような企業にも値段がつく．株価である．株式市場では，将来の予想に基づいた株価によって企業そのものが取り引きされる．

株主や投資家は有価証券報告書[3]やさまざまな資料を読み，その企業の将来の予想価値を読み取ろうとする．有価証券報告書で示さ

---

[3] 有価証券報告書は，金融商品取引法に基づいて株式を上場している会社が事業年度ごとに作成，提出が義務づけられ，一般にも公開されている資料．

れる財務的な数値はその期間の業績を，そしてその期の財産の保有
状態とその財産がどのような財源で賄われているかを示している．

〈経営資源〉

　企業が社会に受け入れられる商品・サービスを生産し提供する
ということは，その商品・サービスが，競争の現場，すなわち市場
で優劣を競った結果選ばれるということである．だから経営者の
任務・責任は，自社の扱う商品・サービスを決め，内外の経営資源
を配置，利用し，効果的・効率的に生産，供給，販売することにあ
る．それが，価値を実現するということである．したがって，経営
者にとって肝心なことは，社内リソースの使い方の妙である．

　有価証券報告書に「設備の状況」という項目があるのは，従来の
主要産業においては設備が重要なリソースだったからに他ならな
い．しかし，IT産業において，設備がどれほどの意味をもってい
るのだろうか．もちろんIT産業でも，巨大なサーバーを保有して
いるかどうかが問われる場合もある．クラウドの技術が発達した
今日，そして大量のデータを処理する技術が実現した今日，巨大な
サーバー群を持って登場した企業を前にその事業の撤退を余儀な
くされたところは何社もある．このような事業では，設備は社内リ
ソースという点において確かに重要ではある．

　その意味からして，我々は，企業価値を示すに足る情報が開示情
報として扱われているかどうかを問うてみる必要がある．

　企業の価値は株価として表れ，その根拠に財務データが使われ
る．しかし，近年，財務諸表に集約的に示される企業の財務データ
以外のものも注目されるようになってきた．確かに財務情報はその
企業の価値を裏づけるものであるが，財務状況が良くても，社会全
体のルールを逸脱した段階で，どんな大企業でも消滅することがわ
かってきており，ここから，コンプライアンス（法令順守）が，そ
して，ガバナンス（統治）が意識されるようになってきた．内部統
制制度の整備・運用状況が財務情報を補う形で開示されるようにな

ったのは，このことからでもある．

経営資源は個々別々

　分業社会における企業は，生産要素の結合によって，他人にとっての使用価値・利用価値のある商品・サービスを提供することで成り立っている．

　生産要素は経営資源，それには，「人・もの・カネ」と言われるさまざまなものが含まれる[4]が，その意味合い・重要度がすべての企業で同じであるはずがない．

　企業の価値を生み出す経営資源は一様ではない．

　重厚長大の最たる鉄鋼業では，その基盤は何といっても，製鉄所とその設備だろう．巨大な高炉や転炉，電気炉，圧延設備，そして操業維持を行う工場労働者たちで，それらは，鉄鋼会社の肉体である．良い材料，原料も重要だが，巨大な企業では経営資源全体の有機的結合が重要であるから，経営陣・企画スタッフたちも，そして研究開発者たちもまた，その企業の価値を生み出す頭脳たる経営資源である．

　造船業でも自動車産業でもそうだろう．石油化学製品を作る化学工業においてもそうであろう．しかし経営資源は，それぞれ個別のものとして観察される．

望まれる開示情報

　価値は将来の予想業績から導かれると言ったが，それは，産業，企業ごと，個々に内実が異なっているのは当然である．内実が異なっていても，開示項目は各社同じく事業の概況と課題が並ぶ．そこには，【従業員の状況】や【設備の状況】があり，さらに，事業の状況の項目中に【対処すべき課題】，【事業等のリスク】，【財政状態

---

[4]　経営資源は「ひと・もの・カネ」だけではない．情報も重要な経営資源であろうし，知的財産・ノウハウなど，またビジネスを進める方法的な知見も経営資源として良いだろう．これらは自社のよって立つ基盤をなすものだからである．

及び経営成績の分析】などがある. が, その内容の多くは分析的ではない[5].

そうであっても投資のプロたちは, それらのものの中から真実らしきものを探り, 将来を展望して, 現在の取引価額を設定する.

財務情報は過去の成果を示すものであるから, 経営者の成績, 成果を表している. それはそれで一つの経営責任の表明である.

しかし, それは過去の成績＝結果を表すものである. 企業がゴーイングコンサーンであることを前提にすれば, 将来にわたる活力の源たる経営資源の組合せ, 活用の巧みさ疎さに関する記述こそが, 財務情報と関連づけられて記載されるべきではなかろうか.

経営資源の活用状況が, 財務状態を生み出した原因を示す情報 (なぜ, こうなったのかという情報) と位置づけられるはずだからだ.

原因を探るのに「なぜ」を5回繰り返すのがトヨタ流であると言われるが, 現在の開示情報は1回目の「なぜ」だけで状況を説明している, あるいは,「なぜ」を一度も問わず状況を描写しているのではないかとも思えるのだ.

おそらく,「なぜ」を2回繰り返すだけでも, どの経営資源の維持活用に成功し, また, 失敗したのかを経営者は答えざるをえない. あるいは, それを思い起こさずにはいられないだろう.

もちろん, それには,「なぜ」という問いを発する端緒が必要になる. そもそも,「なぜ」という問いは「何が」問題なのかという視点があってこそだからである.

蛇足だが, この点, 組織の持続的改善のコンサルティングを行っている著者は,「何が問題か」を発見できる能力の開発を,「なぜ」の前に重要視している. 2Sや5Sの活動[6]を侮るなかれ, それは経

---

[5]　有価証券報告書の掲載項目は,「企業内容等の開示に関する内閣府令」で定められている.

[6]　2S, 5S は, 製造現場の改善のために広く取り組まれている活動を示すことば. トヨタ流改革の基本と言われる. 5S は「整理」,「整頓」,「清掃」,「清潔」,「しつけ」の頭文字の S をとったもの. 2S はこのうち, 前の二つ「整理」,「整頓」. 当事者だ

図 4.1　SWOT 分析図

営の抜本的改善につながる Why の探究のための端緒的活動なのである．

企業価値把握の着眼点

そのために紹介したいものが，世に言う SWOT 分析である．この SWOT 分析は，経営コンサル業界で使われ，現在では，企業の競争力の分析に極めて一般的に使用されている方法である[7]．

企業（ビジネス）を取り巻く外部環境と内部環境を観察して四つのカテゴリーに要因分析する（図 4.1）．

強み（Strengths），弱み（Weaknesses），機会（Opportunities），脅威（Threats）の四つである．だから SWOT 分析という．

事業環境の変化に対応して，経営資源の最適活用を図ろうとするのであるが，強みと弱みは内的要因であり，機会と脅威は外的要因である．

けでこの活動を行うと，その状態を是とする仕事の常識に妨げられ，表面上の整理整頓を求めてしまい，カイゼン，改革は進まない．つまり，What を見いだせない．

[7] SWOT 分析は，ハーバードビジネススクールで開発されたと言われるが，今日では極めてポピュラーに使われている経営戦略策定上のツールである．

経営学では，意思決定の重要性を特に強調する向きも多いが，意思決定の前に事業環境を読むことが重要である．環境変化の予想と，経営資源の在り様について，的確な読み，解釈がなければならない．この解釈の妥当性，あるいは共通の解釈を得るための経営者のコミュニケーションの在り方に重きを置かないのは，昨今の経営学の悪しき傾向である．

　経営者が妥当・的確な解釈を生み出すためには，まず彼らの視線が現実に向かっていなければならない．そのうえで推論，解釈が多方面からなされ，論理的に組み立てられねばならない．その方法論的視点を与えるのがこのSWOT分析である．

　強みとは，事業の目標を達成するための自社の経営資源の特質である．弱みとは，事業の目標を達成するに際して不都合を招く経営資源の特質であり，これは強みとして挙げた経営資源との関連で取り上げられ，観察される．機会とは自社に有利に働くような環境変化の予想，脅威とは障害の発生など自社に不利に働くような環境変化の予想である．

　これらは，事業推進上の核となる経営資源との関連で洞察されねばならない．その経営資源はもちろん一つでなない．複数の経営資源が重なり合って事業の目標が達成されるからである．SWOT分析を表面的に行う例を見てこれを使うのに批判的な意見も多いが，将来の競争力の予想には，自社のよって立つ基盤，経営資源は何かと問うことから始めねばならず，この四つの視点による分析・洞察は極めて有効である．

4.3 IT産業の価値源泉

4.3.1 IT産業での技術者の位置

　これらのことを，IT産業にあてはめると，核となる経営資源には，必ず「人的資源」を入れなければならない．

　さらに言えば，「人的経営資源」と総称してはいけない．ある特定の言語に関するプログラマの存在が自社の競争力の源であるならば，それこそを強みとして取り上げ，それを中心に分析をすべきである．そうであれば，そのプログラマたちに依存することは，一方でリスクをはらんでいるということにもなる．

　このように将来にわたる競争力の分析・予想を，方法的に一貫性をもって行えるのがSWOT分析である

　事業は一つではなく，さまざまなジャンルの組合せによっているだろう．したがって，この分析は，それぞれの事業に応じていくつも行われるべきである．企業全体を対象にした場合は，事業ごとの分析を単に重ね合わせるだけではなく，全体を俯瞰して共通の要素を抽出することも必要になろう．いずれにせよ重要なことは，事業の成否がかかっている経営資源は何か，その経営資源の維持強化はできているのか（強みとして維持しているのか）という視点である．

　IT産業において金融システムの構築ノウハウを持っている事業部と，大規模データの3次元可視化技術を持っている事業部とでは経営資源が異なる．前者のノウハウが，経験によって作り上げられた要件分析能力，アーキテクチャ構築ノウハウ，プログラム構築ノウハウであるとしたら，その源泉は技術者たちである．技術者たちの健全な（正常な）判断能力・専門的作業能力の維持強化が図られているかどうか，これが，点検されねばならない．

そのうえで，競争上のリスクは何か，例えば，その経営資源が特定の人物集団に依存していた場合は，彼らの離反は懸念される内部の弱みであるし，他社がより効果的なアーキテクチャを作成して登場してくる気配があれば，それは差し迫っているリスク，すなわち脅威である．さらに，金融再編が進むことによって，自社の経営資源＝プログラマたちの活躍の場が広がるとしたら，それは機会である．

そのように分析したうえで，それら脅威への備えをどうするか，弱みはどう克服するか，機会をどうわがものにするか，ということが考察されねばならない．それが「マネジメント」である．

製鉄業，石油化学工業においては，その資源はある種の設備，技術ノウハウ，知的財産権であるだろうが，それらが SWOT 分析を通じて検出され記述されることこそが，本当の，企業価値の将来を読む材料になる．

本書は，IT 産業に関しての提言であるが，IT 産業においてはほとんどの企業の競争上の優劣を決めるのは技術者たちの存在そのものであり，これを抜きにして経営は語れない．

これらの分析はさして大きな負担を経営者に負わせるものではない．もともと，マネジメントの現場においてはこのような分析が（SWOT と名づけなくても）行われているのだ．それをもう一歩深めればよい．技術者に依存している会社では，彼らの健康状態はすでに重要な関心事項になっているはずなのだ．

▌ 4.3.2 重層的下請け構造

さて，IT 技術者たちの仕事とその苦労に目を凝らすと，IT 技術者たちの別の存在マップが透けて見える．すなわち，IT 産業の垂直構造である．

規模の大きなプログラム開発においては，顧客（建設業での施主に値する）から直接仕事＝プロジェクトを請け負う元請けたる大手のシステム会社（建設業でいう大手ゼネコンに対応する）を頂点

にして，何層もの下請け企業を擁したピラミッド構造のプロジェクト遂行団が構成される．

　元請けは，顧客のニーズを直接把握し，プロジェクト全体のマネジメントとシステム上の要件定義や概要設計等の上流工程を担当する．

　直下の一次下請けのシステム会社は，元請けの指示の下，プログラム開発を担う．1次下請けが処理できない部分は，2次請けに．そこでも，自社で賄えない場合には3次請けや派遣会社に人材を求める．これが，長い工程の中で繰り返し行われる．

　このような重層的な下請け構造が出来上がる背景には，発注者の大きな部分を官需に依存し，受注量が安定せずに大きく増減してきたこと，処理する開発・制作工程が長く必要な職種がその工程ごとに変化し，それらには極めて深い技術的専門的知識が要求されること，そして制作期間の長いことがある．IT産業に建設業と同じような重層的な下請け構造が生み出されたのはこうした事情からである．

　したがって，従業員規模の決定は極めて大きなリスクをはらむ．また，工程の進捗によって必要なスキルが変化すること，さらに，技術が多岐にわたり，かつ奥が深く，それも日進月歩で変化しているとなると，それら技術のすべてを賄うための技術者を自社に擁しておくことは困難である．

　他方，多数の人材が学校教育から輩出される．一般の学校教育を経たものであっても，就職難の時期にIT産業が活況を呈していれば求人数も多く（経済成長期においてもその後の時期においても，IT産業は概ね求人が旺盛であった），ここへの就職が容易であった．

　こうして，さまざまな階層の企業に，それぞれのIT技術者たちが多数存在し，プロジェクトを起こす段階で頂点の企業が呼びかければ，容易に労働力が調達できるという状況が生まれた．

4.3.3　下請け構造にある IT 技術者たち

　この重層的下請け構造は，IT 技術者たちの職種ごとの仕事の性格，位置づけを変え，彼らの生き方に別の明暗の色調を添える．

技術者達のコミュニケーション

　プロジェクトごとに編成される処理陣容は，全体が統率されているようで，そうではない．いくつもの企業（しかも，受発注関係での地位が異なっている）によって作業工程が区分けされているから，その間の調整が課題になる．

　考え方も処遇も異なった企業の者によっていれば，協調が困難になるという問題も生ずる．下請けになればなるほど，途中段階での報酬部分がカットされ低賃金となり，同じ業務を行っている者同士の違和感疎外感が生まれる．疎外感という感情だけでなく，損得の意識が対立を生み，責任についての自覚の濃淡も生まれる．IT 技術者の職場を覗くととても静かに作業が行われ，勤務時間外の交流も浅いようだ[8]．

技術者の労働時間

　管理者の管理権限が強くても，指示が明瞭であるとは限らない．指示が不明瞭であっても管理者の権限が強大であると，それを質すことは難しい．

　具体的には要件定義の不備，前提にしたパッケージシステムの機能上の問題などが開発途上で発見されたとき，この処理は，結局 IT 技術者の対応によることになる．これが表面化し，責任が正しく解明され，納期や契約額の再調整がなされればよいが，そうでない場合，下請け企業，あるいは，派遣元から来た技術者の荷物とな

---

[8]　断っておくと，一部，著者の知る Web 系では本章で扱っている従来からの IT 企業とは違った生き方が生まれ始めているようにも見える．著者が交流を深めている新興の Web 系，または iPhone アプリ関連企業・技術者のことである．今はまだ萌芽の状態である彼らの生き方については本書では割愛する．

り，結局は，彼らの作業時間が膨大になる．

重層請負の場合，労務管理はどうなるか？ 下層に行けば行くほど労働者が過酷な状況になることは自明である．いくつもの企業を介して仕事の指示が出され，統率，管理が，形式的硬直的になりがちで，技術者たちは自分の能力適性が要求にマッチしていないとしても，相談する相手がいないまま，これまた，彼らの作業時間だけが膨大になる．発注元は「お客様」である．「お客様」は無理を承知で下請けに要求し下請けは請けてしまう．その要求が技術的無理解に基づく要求であったとしても．

納期が迫ってきてから動員された下請け企業の技術者は，自分が何をしているのか全体としての位置づけや理解がないまま，いわば単純作業に追いまくられる．しかも，下層下請け，動員派遣で報酬は低い．

ついでながら，途中で動員されたプログラマが愕然とするのは，自分の適性に合っていない仕事だとわかったときである．自分を指名した人は派遣元の営業だろうか，派遣先の SE だろうか，なぜ，自分が選ばれて派遣されたのかわからない．

元請けは顧客と打合せし，仕様を策定し，部分仕様に分け，下請けに「いついつまでにこの仕様のソフトウェアを納品するように」と指示する．下請けは納期までにプログラムを納品する．下請けといえども，労働者たちは労働基準法によって労務管理されているので，建前としては命を削るような長時間残業を求められることはない．しかし何が起こっているのか．

顧客からクレームがつく，すると元請けは客からのクレームに対処する事を約束し，担当の下請けを呼び出し，いつまでに対処するようにと申し伝える．下請けは現場に入って顧客からのクレームに対応するため過大な残業を強いられる．皺が寄せられる下請けは中小企業，あるいは，個人事業者であり，残業代規制からも外れる．元請けは言い渡すまでが仕事であり，下請けは受け取る対価の代わりに従業員や自分の命を削る．

4.4　経営者責任

4.4.1　二つの責任と開示制度

　そもそも，経営者の責任は株主から委任を受けて経営にあたる受任者としての立場に基づく．受任した義務を遂行する責任は，当然に，それを報告する義務を伴っている．前者は responsibility，後者は accountability．履行（遂行）責任と報告（説明）責任である．

　金融商品取引法や会社法上の開示は説明責任の履行にあたる．すなわち，企業経営者が，企業関係者（近年は「ステークホルダー」と言い習わされるようになってきたが，株主・投資家・債権者・消費者・規制当局等々の企業と直接間接に関わり合う人々のこと）に対して，企業活動の報告を行うことを制度的に規制する．企業経営者が，株主からだけ受託責任を負っていると考えれば，報告は株主に対してだけでよいが，開示制度は，株主候補者たる投資家や，重要な利害関係におかれる人々をも対象として想定している．各法律はこれを分担しているのである．

　会社法が視野においているのは，債権者，株主であり，金融商品取引法は，株主，投資家たちである．会社法はもちろん会社の構成や内容のことを定めているが，ここで言うステークホルダーの社員，債権者を念頭に，その関係の調整を図ることを役割としている．社員とは従業員のことではなく，出資者のことである．

　金融商品取引法は，広範に存在する多くの金融商品を対象に，取扱業者や開示制度を包括的に定めたものであり，ここで想定しているステークホルダーは，「商品」の提供者，保有者であるとともに，それを取得しようとする投資家を含む．つまり，一般国民，世界中の人々を対象としている．この法律が開示に関して明確な規定を行

うのは，それが広く人々の間を転々流通する商品だからである．

　会社法は株主や債権者ら，金融商品取引法は一般国民と，その守備範囲の違いはあれ，これら開示制度において重視されるものは財務データである．会社法においては，ステークホルダーは会社のその時点における財産価値を，金融商品取引法においては，将来の期待を込めたその時点における財産価値と将来期待価値に注目する，と想定する．そのために，両方ともまずは，現在時点（正確には過去時点）の財務的な数値を使う．

　しかし，財務報告を作成する基準がまちまちでは読み手たるステークホルダーは困る．目に見えず，手にも触れないものの価値を表す財務データに対する信頼の基盤を与えるのは，財務データ作成の公正な基準であり，それが用いられて作成され報告されていることへの保証である．だから，世に報告書やレポート類は多いが，特に，商品としての価値を示す有価証券報告書の作成・開示については厳しく規制されている．監査の関門が設けられているのもそこからである[9]．

▌ 4.4.2　開示の意義

　さて，有価証券報告書の一般的な項目として定められているものには，種々の非財務情報もあり，昨今，この非財務情報を重視する潮流が国際的に生まれてきている．それは企業の社会的責任が重視されてきているためであるが，また，投資家側においてもこの責任の履行状況に視点を置いた投資手法が登場している．ESG 投

---

[9]　会社法では，大会社に会計監査人監査を義務づけている．大会社とは，資本金が 5 億円以上または負債の部が 200 億円以上の会社である．金融商品取引法で有価証券報告書の提出を求められるのは，証券取引所に株式を上場している会社，上場準備中の会社，それと，上場していなくても，ある基準に合致した会社であり，有価証券報告書には，監査人の監査を要することとしている．この監査には，会社が作成した財務諸表の適正性についての「財務諸表監査」と，内部統制報告書の適正性についての「内部統制監査」の二つがある．そのほかの統合報告書，CSR 報告等は，その作成基準の議論はあるものの法的な規制下にはなく，監査人の監査を経たものがあっても，それらは報告者が任意に委託したものである．

資[10]と言われるものである．こうした投資方法，投資態度からすれば，従業員に関する情報，すなわち，従業員に配慮した健康経営の内容も重要な指標となろう．

しかしながら，健康経営が企業価値の向上に具体的に結びついているかどうかは，企業側では半信半疑でもある．政府の健康経営の開示に関する検討会においても，この点，率直な異論めいたものが出ている[11]．すなわち，「健康づくりの取組み等が企業の成長とどのように結び付くか，ストーリー性のある説明が必要である」，「数値指標は一律なものである必要はなく，各社が自身の考え方に基づいて定義づけをして作成すればよい」，「当該企業の経営の大きなストーリーに位置づけられていることが重要である」，「コーポレート・ガバナンスに関する報告書の記載内容が増え続けることも危惧される」，「企業としてさまざまな取組みを行っている中，健康経営・健康投資のみをコーポレート・ガバナンスに関する報告書において一律に開示することについては，バランスを欠く印象を持つ」等々の意見がそれである．

企業の価値は，将来への持続性を期待した現在時点での評価額である．だから，その価値を評価することのできる情報こそ開示するに相応しい．株主，投資家は，さまざまな情報を利用して企業の価値を評価しようとする．対外的なPRのために作られた資料でも参考にする．経営者側は，制度規制の下にある開示であっても，市場＝投資家から良い評価を得るための手段と位置づける．

しかし，企業のステークホルダー側にしてみると，その情報が正しいものだと信頼できなければ困る．そのために，それらは，経営責任の履行と一体的な開示であってもらいたい．

---

[10]　環境（environment），社会（social），企業統治（governance）に配慮している企業を選別しようとする投資姿勢のこと．

[11]　企業による健康投資に関わる情報開示に関する検討会における議論「企業による『健康投資』に係る情報開示の方向性について」（平成27年2月，経済産業省ヘルスケア産業課）．http://www.meti.go.jp/committee/kenkyukai/shoujo/jisedai_healthcare/kenkou_toushi_wg/pdf/005_02_02.pdf

4.5 望まれる開示

　開示制度は経営者の二つの責任の後者，報告責任についての規制だが，それは，第一の責任と明確に結びついている必要がある．すなわち，競争市場において経営資源の適正効率的な活用によって価値創造を実現したことに関する「報告責任」をターゲットにするということである．

　しかし，この開示制度は，上場会社，大会社にしか適用されない．ここのところをどうとらえるかだが，私は，それでも意義があると見ている．いわゆるブラックと言われる企業群には，技術者を効率的に使える消耗品として，あるいは取替資産として位置づけるノウハウによって成り立っているようなところもある．一部の劣悪派遣業と同様，産業の下請け構造の下の人たち，あるいはその枠外に追われた人たちを循環的に再利用するノウハウで成り立っているとすれば，それらの企業こそブラックとして社会的に指弾すべきであるが，IT産業の心ある上場企業，大企業が，上で述べたSWOT分析のような経営資源の分析・開示を行うならば，根幹の経営資源である技術者の健全性，すなわち正常な判断力を有した状態，正常な作業能力を有した状態を維持するための努力を社内で行っていることが明らかになり，そうでないところとの「距離感」が社会的に生み出されるだろう．

　したがって，上述のことを前提に，IT産業における経営資源の状況に関して開示すべき情報を次に提起したい．

4.5.1　IT 産業で付加すべき開示項目
　　　　（有価証券報告書の掲載事項に関する提言）

項目

(1)【人的資源の状況】項の追加

　【人的資源の状況】を第1などと同列見出しに設け，以下①～⑦を掲載する．

- ①　採用種別延従事者数
- ②　外部人材の活用状況
- ③　売上高における人材派遣売上と派遣職種
- ④　職種別残業の状況，推移
- ⑤　健康診断受診率及び受診後に病気が判明した数
- ⑥　休暇取得状況，長期休暇取得者数
- ⑦　年齢別離職率

　これらのデータには，当期と直前期のデータは月別推移を，それ以前は年度合計を掲載．職種は，基本的には三つ（営業・SE・プログラマ）とする．

(2) 記載要点を追加

　第2【事業の状況】配下の【対処すべき課題】，【事業等のリスク】に記載要点を追加する．

　【対処すべき課題】には，経営資源の状態として，上記に連動した形で，技術者ら人的資源の強み弱みが判読できるような記載をする．【事業等のリスク】には，仮に，従業員の残業等の問題があるなら，そこから予想される法的リスクなどを記載する．ない場合は「ない」と記載することが望まれる．また，あった場合は，その適正な見積り評価，引き当て計上が検討されねばならないだろう．

　そして，これらの記載に関する産業医の意見を，記載の末尾につける．

4.5.2 開示項目の意義

人材の活用

IT産業における企業価値の視点からすると，全社で従業員が何人で，その年度別増減はどうかという従来の開示項目からは，何が読み取れるのだろう．IT関連企業においては職種が重要である．どのような専門的知識を持った人材がどれだけ確保されているか，どのように「メンテナンス」されているか，その結果，どう増減しているかが重要である．

企業がそれらの人材を内部に擁していない場合は，外部に求めざるを得ない．したがって，従事者は，従業員として採用しているのか，外部人材を採用しているのか，それとも，外部に「請負」または「常駐派遣」として確保しているのか．

また，企業によっては，SIerと名乗っていても，重層的下請け構造のより上位の企業への派遣で生きているものもある．売上が人材の提供なのか，請負開発なのかの区分は企業実態理解のための必須事項であろう．それを外部から明瞭に判読するには，売上高における人材派遣売上と請負開発売上の区分が数値的に示されねばならない．つまり，①と②によって，上述のSWOT分析で触れたIT産業において特に重要な人的経営資源の規模と性質の状態が，また，②と③によってIT産業の業界構造のどこに当社が位置づけられているのかが判明するだろう．

残業

④の残業の状況は，業績との関連においても重要である．残業が常態化しているのか，臨時的，突発的に発生しているかは，それら経営資源の有効活用の程度，開発の適否，成否を外部から読み取るカギでもある．

顧客との関係で問題が生じているのかどうか，それがないとしたら，あるいは一定程度の残業時間によって業績を成り立たせている

のか.

残業が今期急に増えたとすると，その理由は何だろう．開発現場の混乱があるのかもしれない．そして，その混乱修復に多額の費用を要するかもしれない．納品しようとしたシステムに客先からのクレームが発生し，カットオーバーができずにいるのかもしれない．そのクレームは，いったいいつ収束するのか，それともしないのか，リスクは傍からは評価できない．したがって，それらの残業の推移を意味づける情報も添えられるべきである．

残業時間は，昨今話題になっているブラック企業問題との関連からも重要である．わが国の過労死による自殺が企業側の責任であることを初めて認めた電通事件（最高裁，平成 12 月 3 月 24 日）以降，企業賠償額は増加する傾向があり（いや適正な額にか），残業時間における潜在的な経済リスク[12]の評価は重要である．仮に，サービス残業があるとすれば残業代不払問題が生ずる．これは企業側の債務として認識すべきかもしれない．債務として認識するかどうか，上場会社ならば監査項目として挙げねばならない．最近の判例では 1 か月 50 時間の時間外労働，1 日平均 2 時間，休日出勤 4 回程度でも過労死が認められるケースが出ている[13]．

従業員の健康状態

そして，⑤の従業員の健康状態の情報が続けられる．健康診断を受診する場合は，当然だが，実際に受診しているのかどうかを示したうえ，受診後の病気の判明状況（健康診断の有所見率）を掲載

---

[12] 従業員が三六協定に違反するほどの残業を行っていた場合は，最高額で 2 億円に達するだろう．さらに，彼がサービス残業をしていたとすれば，そのサービス残業代の不払い問題が起こる．例えば，彼の申告が 50 時間，実際には 100 時間の時間外労働をしていたことが入退室記録などから明らかになったとすれば，「掛け率 2 倍」がこの企業が社員に対して課したサービスの比率として算出され，この掛け率は過去何年間かにわたり企業側が社員側に強いた給料の不払い分であると言われる可能性がある．損害賠償 2 億円だけでは済まない．社員数 × 残業代過去 5 年間にわたり 2 倍の不払いを支払えと命令されるかもしれない．残業に潜むリスクである．

[13] 2013 年 2 月 28 日東京地裁民事第 36 部「会計システム担当社員の過労死行政訴訟」．

する．⑥の休暇取得状況には有給休暇取得日数・率（総労働時間に占める割合），病気による休暇取得者数・率（従業員数に対する割合），長期休暇取得者数が要る．

従業員の定着度

この経営資源情報で最後のポイントは⑦の従業員の定着度である．

終身雇用制度は崩壊しているという．しかし，良い環境で良い仕事をしている企業から人は退職したいと思うだろうか．その逆はあろう．年間の採用者，退職者，中途退職者が年代別に明らかになっていれば，そこから経営資源としての人の状況が読み取れる可能性が高くなる．

これらの事柄が経年的に実数と指数で表示されれば，そこから，経営資源としての人がどのように扱われ，どのような価値を生み出しているのか，豊富な解釈が可能になろう．

従業員の定着度

これらの項目に付加する形で，次の情報も添えるなら，なお一層良いものとなろう．

⑧　福利厚生費の年次別推移
⑨　健康管理に擁する専門職の数（産業医，保健師，管理栄養士，安全管理者の有資格者の数）
⑩　労災保険の適用件数

なお，前記①〜⑦は，IT産業固有の情報として開示を求めたいものであるが，他の産業においては，これを応用した形で検討したらよいだろう．また，⑧以下はすべての産業に共通して開示すべき項目である．

一つだけの指標では困難であっても，これらの情報が揃って出されることによって，解釈は妥当性の高いものになるだろう．これら

の項目が論理的に整合した形で説明がつかなければ，どこかにひず
みが潜んでいることになる．

4.5.3 責任明確化のために

　企業側はおそらく，丸裸になる危険性を感じ，私のこの提言に反
対するだろう．が，そうであれば，この提言は逆に意味がある．外
部にいるステークホルダーは実態を知ることによって，企業との関
係を納得性の高い形で構築することができる．

　そして，これを正しく扱うためには，責任の明確化が必要にな
る．

取締役会

　開示すべきこれらの情報や指標の意味は，企業によっても事業ジ
ャンル等によっても異なっているだろう．その指標等の持つ意味に
ついて，取締役会では，担当する事業ジャンルごとに取締役が詳し
く報告すべきである．そうなれば，取締役の責任がより明確になる
からだ．

　正確な就業時間管理，サービス残業禁止の徹底，メンタル対策，
産業医をはじめとする健康管理機能による健康状態の管理，健康教
育，効率よく作業を行えるようにするための高度の専門教育など，
人的経営資源の健全な維持管理に必要なことは多岐にわたる．こ
れらが従来の「福利厚生」以上の意味を持つのは当然であり，経営
者・取締役の履行責任を果たしたことを報告するものとして取締役
の名をもって正規に報告されるべきである．

監査役監査

　さらに，それらの実態が内部統制制度に位置づけられたコント
ロールで把握されているか，取締役の取締役会での報告事項は確か
であるか，事実として認められるか，また，原因理解は妥当か，と
いう点に関して監査役監査が望ましい．

外部監査人

一方で，外部監査人の監査であるが，これら報告事項が含む経済的リスクの有無，会社側がそれを金額的に評価しているかどうか，その評価算出方法が妥当かどうかを吟味することは可能だろう．ただ，事業において生じた事象の理由・原因に関する取締役の記述の適否まで（事業外の立場から）吟味するのは無理があろう．また，公認会計士監査は準拠する基準を求めるが，それがまだ確立されていない．

日本公認会計士協会においては，IT産業の個別性に着目した監査要点を整理するなど，研究に着手してもらいたい．

産業医

さて，新たに期待したいのは産業医である．産業医は，今回のメンタルヘルス制度でも重要な役割が意識されているが，IT産業における技術者の健康に関しては特に意見を述べる資格がある．

産業医は，労基法第十三条に規定され，一定の規模の事業場に置いて「労働者の健康管理等」を行う機関である．産業医は，事業者に対し，労働者の健康管理等について必要な勧告をすることができるとされ，その勧告・意見は議事録の保管が義務づけられるなど，法的に強い権限を有した地位である．

指標の正確性などの検証は産業医の職務ではなかろうが，取締役が指標から読み取って説明する各項目の原因に関する取締役の意見への論評は可能であるし，職務に含まれよう．

取締役会等で取締役が報告する段階で，産業医が出席して意見を述べ，そのうえで有価証券報告書にその旨を記載する．法的には何の障害もないはずだ．早期に実現できる．

4.6 《補遺》 予想される批判に対して

4.6.1 どの器に何を盛るか

著者の主張に対して次のような批判が予想される.
「有価証券報告書にあらゆることを織り込むな」.

現に,著者の執筆方針に関し意見を求めた同僚公認会計士や研究者からは次のようなコメントが寄せられた.「(私法は)株主と株主,株主と債権者の関係を調整する」,「(企業の)社会的な責任という本来《公法》が守備範囲とすべきものは(私法に)持ち込むべきではない」,「(会計において)業績表示利益と分配可能利益という二つの期間損益計算で精一杯だったところに,企業価値の推測のための情報ニーズが持ち込まれ,期間損益の意義やP/LとB/Sの連携が崩れるような状況が生じている(ことと同様)」.また,より端的に「IT技術者の労働環境改善という隠しテーマの実現を目的として,企業価値というヴェールで企業内容開示制度に『人的資源の状況』を設ける(のはいかがなものか)」とのコメントもあった[14].

実は,私自身,本書の構想を小山氏,中川氏らから伝えられたとき,全く同じ思いにとらわれた.

そして,それから数か月,筆が進まないまま統合報告書や政府の検討会報告などをさまよっていた.しかし,前線で実際涙するIT技術者の実態に触れた産業医たちの意見に突き動かされ,今や,私にとってそれは乗り越えられたと思っている.

本章の標題は,「IT産業の技術者を大切にする」となっているが,今や,「それがために」論ではなくなった.〈企業価値というヴ

---
[14] わが敬愛する友人,小林伸行氏(名古屋商科大学商学部教授・公認会計士)からの鋭いコメント.

ェールで隠しテーマを覆う〉のではなく，企業価値を評価する第一義的目的において「IT 産業では IT 技術者ら人的資源の状況を開示せねばならない」のである．その結果，IT 技術者のより健全な健康生活に結びつくことになるのなら，それは，規制の反射的効果であり，その逆ではない．

4.6.2　有価証券報告書の位置

有価証券報告書が「企業価値評価に関する情報開示」であると再確認しておかねばならない．

金融商品取引法の第一条には「企業内容等の開示の制度を整備（中略）等により（中略）金融商品等の取引等を公正にし，有価証券の流通を円滑にするほか，資本市場の機能の十全な発揮による金融商品等の公正な価格形成等を図（中略）ることを目的とする」とある．つまり，市場機能の発揮によって「公正な価格形成」を図ることが中核的な目的である．

ここで「市場」とは，すべての人々が自由に出入りでき，取引に参画することができる空間である．その取引空間には，信頼のおける商品価格情報が存在しなければならない．有価証券報告書は，商品（すなわち企業）価格情報の頂点に位置づけられ，そして，信頼を与えるのは経営者の報告責任である．

企業価値を高めることは，そもそも，経営者の履行責任の中核的要素である．報告責任はこれに付随する．経営者の開示情報は経営者が経営責任を履行していることを示すものであり，企業価値の実現＝「その会社がその会社であり続けられる企業存立の理由」を作り上げる努力の証しである（それはとりもなおさず人々が欲しい情報なのだが）[15]．

---

[15]　この言葉は，三鍋伊佐雄・竹内朗『Corporate Core Competency（コーポレイト　コア　コンピテンシー）で考える「企業成長戦略」と「企業の期待価値向上」』（PHP研究所，2015 年）より．「わが社がわが社であり続けられる企業存立の理由」は同書の副題．

4.6.3　他の報告書との関係

　昨今，企業から環境報告書，CSR 報告書，統合報告書などさまざまな形の対外報告書が登場し，それに盛り込むべき内容や記述の保証をめぐる議論がある．社会的存在として，地球環境に及ぼしている影響など，特定の社会的課題について焦点を当てた報告書は，それはそれとして意義がある．環境報告書はその例である．だが，これら一定の社会関係に焦点を当てている報告書は，反面，企業価値には重きを置いていない．

　経営者の責任は，ゴーイングコンサーンたる企業の価値創造であり，開示はその責任ある報告である．決して商品カタログではない．経営者責任に結びついた報告書でなければ，信頼は得られない．それには，何をしているのかという点とともに，いかに行っているか，すなわち，目的の達成に直結する経営実態が読み取れるようになっていなければならない．それによって，報告書が読者すなわちステークホルダーからの信頼を獲得することができる．著者が，有価証券報告書そのものにこれら IT 技術者の状態の記載を要する，と主張する理由はここにある．

　金融商品取引法が直接的に律するものは，人々の健康ではなく円滑な金融商品の流通を支える基盤の確保である．また，そこで保護すべき人々は，合理的な経済人として行動する人々である．だからこそ，次のことがここから導き出せるのだ．《現在，企業価値を評価するための頂点に立つ制度的資料が金融商品取引法における有価証券報告書（届け出書等をも包含）であることを鑑みると，そこには，企業価値評価に関する情報は，過不足なく盛り込まれねばならない．》

4.6.4　制度立案側での大ナタの英断を

　本書を書き進めつつ，現在の有価証券報告書の開示ひな形がいまだ古い（従来型）産業を前提としたものになっていることが気にな

った．現在のひな形でも，心ある企業経営者なら（新興の産業の）企業価値を表しうるだろうが，ひな形に明記しない場合，多くの企業経営者の「合理的精神」において不要なものとみなされ，そぎ落とされてしまう危険がある．

いわゆる健康経営は人道的に望ましいものだが，あらゆる企業において企業価値の向上に直結するとは言い切れない．そもそも，人が，価値創造においてクリティカルな経営資源でない場合もあるからだ．しかし，ことIT産業においては，価値創造に直結するクリティカル経営資源たる技術者の状態を述べないことは経営責任（報告責任）を全うしていないと言うべきである．その記載はひな形などでもって，基準化すべきである．

従業員の健康に関する関心が一層高まり，規制が強化され，さらに，従業員の健康に関する報告書（「健康経営報告書」のようなもの）が登場することになったとしても，従業員の存在，その在り方が，企業価値に直結する企業においては，有価証券報告書への記載は必須である．

経営資源の正常能力の確保は企業価値の実現に必須の条件である．IT産業における経営資源が人であれば，人という経営資源の正常能力の確保がどの程度実現されているか，が企業価値に直結する最も重要なポイントである．

人の正常能力とは，正常な思考力，判断力のことであり，それが，「健康」にこそ宿っているということは，言を俟たない．

制度立案，制定側での大ナタの英断を望みたい．

コラム｜萩野純一郎君について

　通称 itojun．革新的インターネット通信手法である IPv6 プロトコルスタックを世界に先駆けて開発した KAME プロジェクトの中心メンバーの一人である．若くして逝った彼の功績を讃えるために IETF で Itojun 賞（Itojun Service Award）が設けられた．

　WIDE プロジェクトでの彼は，誰にでも親切で無欲で平等に同視線で話してくれる「いいやつ」であり，どのような問題でも真面目に考え，意見をくれるナイスガイであった．彼が Magic-point を作ったのも，WIDE 研究会で皆が使えるプレゼンテーションツールを，と興じてのことだったと思う．

　私はブログを欠かさず更新する彼が幾分「暴走」しているように感じていたが，そのうち研究所にも出勤せず，という状態となったと聞いた．学位を取得し，新しい研究所に移って多忙を極めている彼のことだから，きっと睡眠不足で昼夜逆転で昼間起きられないのだろうとは思っていた．定例の WIDE 研究会にも出席が見られなくなったと思った矢先のことだったが，彼の病状は悪化し，その後突然の訃報を聞くこととなった．

　今となってはわからないが，彼の「病状」が一種の過重労働状態による抑うつだったのか，それとも，一時的にエネルギーを思考に集中させることで高い活性を得るものの，その後エネルギー不足の状態となって抑うつ的な状態となってしまう「双極性障害」の傾向にあったのか，など，さまざまなことが考えられる．いずれにせよ，首に縄つけてでもあいつを病院に引っ張っていき，命をつなぎとめるべきだった．

　その後，私は産業医として社員に健康管理の講義をする時，

「コンピュータプログラムは論理の積み上げで作成するため，何でも書くことができるし，無限に仕事をすることが可能です．私の友人の itojun は全世界で使われている IPv6 のプロトコルスタックを作った天才プログラマでしたが，プログラムを寝ずに書き続けた結果，若い命を散らせました．彼の病状を心配しながら何もすることができなかったことを医師として本当に後悔しています．彼のような技術者を決して出さないようにしていくことが産業医としての最大の目標です」と述べることにしている．

彼の冥福を祈らずにはいられない．

第5章

IT企業の未来について

5.1 わが国のIT産業の弱点と今後の在り方

　1970年代に本格化したIT技術の導入では，銀行システムが先行し，各分野の国家プロジェクトがそれに続いた．これらの組織企業では自らシステムを作り上げる人材も経験も少なく，初物を作り上げるためにそれまで通信産業を支えてきたNTT（当時は電電公社）ファミリー企業と，すでに米欧で経験のあるIBMなどの外資系企業とが，システム構築の主体とならざるをえなかった．

　このような事情がその後のシステム構築会社を育て，現在のNTTデータのように広く大規模システムを受注し，ファミリー企業を傘下に集めて開発プロジェクトを引き受けるSIerという形が出来上がった．

　黎明期において日本の通信は電電公社の独占サービスであり，専用線も公衆ネットワークも電電公社抜きでは利用できなかったことも，この形を作り上げることになった理由の一つである．

　一方，大規模システムを作り上げるには数百人超の多数の技術者を集める必要があり，その給与などはシステム構築後にしか払ってもらえないことも多く，数年に渡るプロジェクトでは，これを賄う財力を持たねば受注もできない．

　つまり当時国内通信サービスを独占していた電電公社と，すでに海外でシステム構築を経験していた巨大外資だけが，当初の大規模システムの受注ができたわけであった．公社は国家組織の一形態であり，各省庁のシステム受注に際し民間企業への直接発注より安定した受発注のやり取りができるという側面もあったのだろう．

　通信産業の分割民営化と競争の導入により，システムのネット

ワークは速度もサービスも格段の進歩を遂げ現在に至っている．大規模システムの受注には，当時の電電公社ファミリー企業などが力をつけて参入したが，大規模システムを構築する利用企業が自ら開発プロジェクトを進めるという形態はほとんど見られない．つまり，システムを利用する企業は自社内に IT プロジェクトを構築する人材を置かず，外注によって行う形が残ったのである．

海外では自社内にプログラマを雇用して自らシステムを構築し，維持管理も行う形態が多いが，その良さはいろいろな形で見えてくる．

一つは開発したいものをよく知る集団で仕事を進められ，受発注の齟齬は社内に閉じるため，仕様上のリスクが少ないことである．次に，彼らは企業内技術者であるから待遇上も社内のバランスを保ち，技術者が役員やトップにまで上ることもありえる．

多重外注の形態が定着してしまったこの国の IT 産業は，非常にいびつな形となっており，これを海外のような形態に変えてゆくことで，自分のためのシステム作りをより短時間でやれるようになる．今後はそうした IT システム利用企業の在り方が問われるだろう．

その環境として，コンピュータネットワークの発達と入れ物としてのクラウドサービスなど，既存の大規模な仕掛けをある程度容易に活用することにより，社内にハード設備を持たずとも，自らの応用システムのプログラム作りに専念できる可能性がある．

ハードウェアとネットワークの性能と規模が向上するにしたがって，従来できなかったことを実現してきたのがコンピュータシステムの歴史である．IBM 汎用機が世界の標準として君臨した時代には，その上で動作する応用システムパッケージを第三者が作って販売する形態が一般化し，これに合わせて富士通と日立によるハードウェア互換機ビジネスが成立した．

その後，UNIX によるダウンサイジングとインターネットの融合，さらには Linux をベースとする OSS の出現と発展，Windows

端末の世界的普及を経て，現在の何もかもインターネットを通じてつながる世界が形成され，端末として PC に代わるスマホも普及した．

今後も新しい技術が次々に開発され普及することだろう．そのような IT 企業の未来として，これからどのような在り方があるだろうか．以下，いくつかベンチャーを紹介することによって，今後の展望を示したい．

5.2 期待されるビジネスモデルと展望

SORACOM 社は AWS 環境を活用し，従来莫大な投資を必要としていたデータ通信サービスを極小コストで実現，ユーザに激安データ通信サービスを提供することに成功した．また Preferred Networks (PFN) 社は独自開発した学習エンジンを用いた自動運転により，デトロイトで一世を風靡した．ジービーエー (GBA) 社はこれも独自開発した超高速極小サイズの Non-SQL エンジンを用いてエッジヘビー型クラウドデータサービスを提案し脚光を浴びている．アミンファーマ研究所は千葉大学医学部発のベンチャーとして血液検査で脳梗塞の有無を判定することのできる試薬の開発で注目されている．

5.2.1 SORACOM に見る IT 企業の未来

2015 年，Amazon の社員であった安川健太氏らが SORACOM 社（株式会社ソラコム）を設立した．彼らは Amazon の提供する AWS の上で，MVNO によるデータ通信サービスを提供するインフラ事業を開始した．従来，データ通信サービスは巨額のインフラ投資を必要とし，実現には多くの資金が必要であったが，彼らはこれを AWS のクラウド環境で実現することにより，激安の通信サービスを実現してみせた．

SORACOM の CTO 安川氏は東工大のドクター出身だ．学生時代からその優秀さは秀でていたが，何より彼のコーディング力は素晴らしかった．安川氏のインターネット技術は CRL 次世代インターネットグループ出身の篠宮俊輔氏の指導によるところが大きい．篠宮氏は，同グループ時代に世界で初めて「インターネットコントロールカー」を開発実装した研究者としても知られている．彼は学生だった安川氏に，ルーチング理論を実際のインターネット機器に実装することを通じて「生きたインターネット技術」を教えたのだと思う．

安川氏と机を並べていた中川は，彼と彼の就職先について話をしたことがある．語学堪能でもあった彼は海外志向だったが，2005年頃，私は「何年か前なら，国内の通信事業者の研究所に進むべきだと思っただろうが，今や君のいくべき企業は残念ながらこの国にはないと思う」と言った．彼はコロンビア大学に留学し，エリクソンリサーチの研究者として就職，この頃 SORACOM の着想を得たそうである．その後 Amazon に移り，ソリューションアーキテクトとして活躍，有名人となった．もし安川氏が国内企業に就職していたとしたら，彼は持ち前のコーディング力，ネットワーク技術を生かせず，悶々としていたかもしれない．何の当てもなかったかもしれないが，彼は自分の能力を信じて"飛び出した"のである．今後も素晴らしい仕事をしていくに違いない．

SORACOM はまだまだ未熟な企業であり，単なるスタートアップに成功した小さな会社であろう．しかし AWS という未知のインフラを用いて，極小投資でのデータ通信サービスを実現したことは特筆に値する．AWS のようなクラウドを用いれば，従来インフラ構築のために大きな初期投資を必要としていたさまざまなサービスが，小さな企業であっても業務となれることを意味する．同時に，巨額なハードウェアを売り，ソフトウェア開発の赤字をハードウェアベンダーに補てんしてきた企業にとっては，大きなパラダイムシフトとなるのではないだろうか．

5.2.2　Preferred Networks 社の企業戦略

　ここでは AI 技術開発で世界中から注目を浴びている 30 名規模のベンチャー企業，株式会社 Preferred Networks（PFN）の長谷川順一取締役最高戦略責任者の言葉によってその企業戦略を紹介したい．

　今に始まったことではないが，技術者は自分たちが楽になる方向に，また生産性を上げる方向に向けて技術開発を行う．アナログ技術からデジタル技術への移行により，職人の世界がなくなり，誰でも大規模回路が開発できるようになった．ハードウェアからソフトウェアへの移行により開発期間は 10 分の 1 に短縮された．

　10 年前 IT 業界では何と言っていただろうか？ これからは SI，SE の世の中になる，と企業は競争してその人材を増やした．しかし，クラウド技術によって，その分野の技術者はほとんどいらなくなった．新しい技術が次から次へと不要な技術者を生み出していく．そして今，世の中は産業構造の中でボトルネックになっているプログラマ，データサイエンティストをたくさん生み出そうとしている．そこにストップをかけるのが機械学習技術である．広く人工知能とも言われている．今まで人間が何かの特徴を見つけ出し，アルゴリズムを開発して判断していたものが，大量のデータから機械が自ら特徴を見つけ出し，機械自身で判断できてしまうため，開発期間は数日．プログラマもデータサイエンティストも必要なくなるという破壊的な技術なのである．

　PFN ではまさにこの分野の技術開発を行っており，自動車，産業用ロボット/工作機械，再生医療/製薬分野で機械学習技術を使ったビジネスを行っている．それでは，PFN の技術者は残業をたくさんしているかというと，彼らはほとんどやっていないのである．

　頭脳労働者は人海戦術的な体力勝負の仕事は行っていない．なぜならすでにこの分野ではソフトウェアの開発競争が一部の頂点のエンジニア間で競争となっているからである．計算資源をたくさん持

っていれば，それだけ開発期間が短縮できる．

技術は必ず陳腐化する．その時間は年々加速し，早まっていると我々は感じている．技術と一緒に人間も陳腐にならないためには，世界中の論文を日々探り，自分のポジションを知りながら，最先端の技術を追いかけられる技術者集団になるしか解はない，というのがPFN社の出した答えなのである．

5.2.3　ジービーエー社の企業戦略

ITコア技術の多くに海外企業の技術や製品が使われている．GBA社（代表取締役社長，岡本克司氏）は，データベースソフトウェアに特化したコア技術を基盤としてIP（知的財産）を開発している．超分散環境と超集中環境が融合するIoT（Internet of Things）に適合したデータベースエンジンとエッジ機器をインテリジェント化する技術と製品で，Edge Heavy Computingを推進している．IoTは，顧客の経験を継続的・永続的に最適化できる仕組みを構築できるかにかかっている．しかし，現状は，入出力データを集めクラウド（＝中央集権型処理）で処理するため，通信料の増加や処理時間短縮には限界が生じている．エッジ側で高速・大量に発生するデータを取りこぼし無く取得し，大量に集まったデータから意味あるデータを抽出して分析，解析できるのか？　そもそも意味あるデータはエッジに存在している．こうした実践的な課題解決を目指している．

GBAは10名足らずの小さな会社であるが，これまで神奈川県ベンチャー企業の認定を受け，投資会社等からの支援を受けながら成長してきた．大手家電製造業，海外音楽機器製造企業など数々の企業にライセンス提供の実績を持ち，IoT向け製品とサービスは，日本を代表するロボット企業に昨年採用された．現在はAI技術との連携を具現化した予測データベースや，無給電デバイス上で稼働するデータベースの研究と製品開発に注力している．

最近は，次のような人々と一緒に仕事をしてみたいと考えてい

る.

- ビジネスモデルを熟知した Web アプリーケーション構築企業
- 容易にクラウド化できる環境とツールをも持ったクラウドサービスグローバル企業
- エッジデバイスに精通した，組込みソフトウェア企業
- 社会システム全体のセキュリティに精通した企業
- 全体をまとめ上げるビジネスモデルをコントロールできる人（企業）

　IoT を進めるにはビジネスモデルを考えないと生き残れない．ソフトウェアは IP（知的財産権：著作権）で保護されており，IP を創り続けることが企業の使命であり，企業価値を向上させる唯一の方法だと思われる．国際競争力を維持するためのスピードと企業の壁を乗り越えたアライアンス戦略が，最重要課題であると考えている．

5.2.4　アミンファーマ研究所の企業戦略

　IT 企業ではないが，技術・知財経営という点で共通する，ある秀逸な企業を紹介したい．千葉大学構内の千葉大亥鼻イノベーションプラザ（中小企業基盤整備機構が，千葉県，千葉市および千葉大学等と連携して整備）に居を構えるアミンファーマ研究所[1] である．
　当社は，代表取締役社長の五十嵐一衛氏が，千葉大学大学院薬学研究院での研究の成果をもとに，平成 19 年 4 月に設立した千葉大学発ベンチャーで，バイオマーカーによって脳梗塞リスクを評価する事業を行っている．そして，同時に多くの時間をさらなる研究に費やしている．当社は，大学における高度な，しかも，独自の着想に根差した研究を積み重ねることで，脳梗塞リスク評価という新境地を切り開いたのだ．今は，研究者ら 10 人という小ぶりな企業ではあるが，その貢献によっていずれ脚光を浴びるに違いない．しかも誇るべきは，よって立つ基盤が自らの研究の積み重ねであり，し

---

[1]　http://www.amine-pharma.com/

たがって集う関係者は何ものにもよらず，主体的な事業を構想し，研究に邁進できている．

　現在までの一般的な理解では，細胞障害は活性酸素で起こると考えられていた（いや，今もってそのように理解している向きが多い）．活性酸素神話である．ところが，五十嵐教授らはこれに疑問を抱いた．

　細胞増殖必須因子ポリアミンのスペルミンは，スペルミジンへ代謝される過程で，1分子ずつの細胞障害因子であるH_2O_2とアクロレイン[2]を産生する．活性酸素と比較して毒性はどちらが強いか．研究の結果，アクロレインは活性酸素の約10分の1以下の濃度で細胞増殖を阻害していることがわかった．アクロレインのほうが活性酸素より細胞障害により強く関わっているのだ！

　アクロレインが，脳梗塞のバイオマーカーになるかもしれないとのひらめきはここからだった．そこで，教授はさらに脳梗塞患者の血漿（けっしょう）を用いた研究を行った．その結果，血漿中のアクロレイン（protein-conjugated acrolein：PC-Acro）の量が脳梗塞患者で有意に上昇していることを突き止めた．つまり，血漿中のPC-Acroが世界初の脳梗塞バイオマーカーになることがわかったのである．脳の画像診断で見つかる小さな脳梗塞（通常の大きさは10 mm以下）は，健常人の10倍の確率で脳梗塞になると報告されている．隠れ脳梗塞のうちに治療し脳卒中になるのを防ぐことができるのである！

　しかし，PC-Acroだけでは，精度よく隠れ脳梗塞を見つけるのは不十分．教授らは，当時，報告された炎症マーカである IL-6 および CRP が血清中で上昇するという事実に着眼し，研究を重ねた．PC-Acro，IL-6，CRP を組み合わせたマーカの基礎はこうして確立されたのである．

---

[2] 　アクロレインとは，不飽和アルデヒドの一つ．細胞増殖因子であるポリアミンが RNA から遊離すると酸化酵素であるポリアミンオキシターゼにより分解され，極めて毒性の高いこのアクロレインを生ずる（同社資料）．
http://amine-pharma.com/pdf/201401amine-phama-brochure.pdf

この着想，基礎研究からマーカとしての実用化まで，20年以上の地道な研究が積み重ねられてきた．独自の発見に，サイエンス上の知見を重ね合わせることによって，そして，そこに実用的な視点からの着想を加えることによって目標を見いだし，橋頭保を確保したのだ．

さて，このような技術開発の成果が予見され，それによる事業上の成果が話題に上り始めると，人々は，上場などの出口を目指した起業を構想するのが昨今の風潮であるが，教授らの本音は，そこにはなかった．

いわゆる起業の先の出口については，創業当初はしばしば話題になったが，今は，研究とサービスが両立できないようなら事業拡大はしない，という信念めいたものがこの会社にはある．この社の事業は人手による検査が頼りだが，注意深く行われるその作業は，ほとんど研究者自らが行う．サービスを提供しつつ研究を継続するという地道な活動を，起業後，なんと10年近くも行っている．

研究領域は，脳梗塞リスク評価のための有効な検査方法の探索など，周辺領域にあるが，ここからさらに尿の内用物質との関係も発見されてきた．これなどは近いうちに世に登場するだろうが，そうなったらどれだけ人々に貢献するだろう．

一般的には，研究と事業を両立させるのは極めて至難である．資金上の問題や対外的営業対応，内部管理などもぬかりなく行わねばならない．しかし，この会社にとって幸いだったことは，研究内容を熟知しつつこれら機能を担う人材がいた，ということである．教授とともに創業した専務の片桐大輔氏である．著者は今でも覚えている．教授が「サイエンスはわしらが責任を持つ，マネジメントは，片桐君，任せる」と言われた．片桐専務は薬学の博士号を持ちながら，経営面を支えきっている．この会社は，内部の人たちがお互いを信頼し合った見事なチームなのである．

もちろん，資金的な不安はある．しかし，それはそれ，質実剛健な研究者たちは，へっちゃらである．教授自らそしてその知人（大

学関係者)らを中心に支えあい,創業当初の借入金も完全返済し,何ものにもよらず,自立し,自律している.

高度な知的作業によっている事業の担い手は,すべからく自立し,自律することが望まれる.

必ず世に貢献する事業の基礎を作るのだ,という決意を静かに秘めて,そして日々,研究成果を語り合い,知見を共有する.それこそ,ITだのバイオだのの壁を超えた,知的探求者共通の喜びと言えよう.

5.3　クラウド化によるIT産業構造の変化に向けて

5.2節で示した成功事例に共通するのは「独自技術の開発を自社で行った」(今は) 中小企業であることである.従来型の大企業や政府主導のプロジェクトでは,最初にプロジェクトのタイトル(例えば「IoT時代のデバイス技術開発」)が決まり,予算が決まり,次に組織における"長ーい"議論で決定する.社内でプロジェクト室が作られ,社長から室長に命じられたリーダがマーケティングし,商品開発計画を立てる.大本営での報告は1か月に1回だ.こんなことをしていたら船が山の上で昼寝してしまう.現在,大半の企業で何かと話題のIoTも1年後にはそうなる運命にあるかもしれない.ヘルスケアという魔法の言葉も注意が必要だ.本書の第2章で述べたように"健康に王道はない"のである.化けの皮が外れたらユーザは去る.コンセプト主導,投資目的主導といった中年の下心に付き合ってくれるほど世間様は甘くない.

成功例に共通するのは,独自に技術開発を行うことのできるオールインワンの研究開発体制である.あるいはSORACOMのように極めて巧妙に技術の可能性をいち早く見抜き,システムを独自開発するスピードである.これらは20年間同じカリキュラムで社内教育を行っているような大企業では難しいのではないだろうか.

私（Dr.N）は，かつて IPv6 を主導した時と少々似た雰囲気を今回のクラウド，IoT に感じている．これまで何度も，Grid も SaaS も失敗してきたじゃないかという事例との"ちょっとした差"とは，「技術者や研究者が Will を貫き，Project Oriented（プロジェクト主導）ではなく，Purpose/Will Oriented（目的または彼らの意思主導）で進行しようとしている，その流れに大企業が明らかに出遅れるだろうと予測される」ことである．以下に，これからのクラウドについて述べる．

5.3.1　クラウドは最近始まったものではない

2000 年頃，NICT で JGN（研究開発用ギガビットネットワーク）の研究開発を主導していた時，どの拠点を接続するかを検討する際，大阪大学の S 教授らはいつもグリッドコンピューティングの拠点を接続すると言っていた．産総研グリッドセンターの S センター長もコンピュータを並列でつなげば！と言っていた．

もちろん，異論はなかった．我々回線屋（高速回線の伝送速度向上や通信品質向上を研究目的とする）にとって，たくさんパケットを投げてくださる，とても"良いお客さん"であった．現在のクラウドコンピューティングである．Grid, ASP, SaaS, Cloud, たくさんのコンピュータの集合のことである．多くのマシンをネットワークを用いて接続し，さまざまな運用を可能にする．

5.3.2　大企業が夢想したクラウド事業

2011 年頃，ある大手 IT 企業のクラウドコンピューティングに関する資料を見せられ，「どう思いますか？」と聞かれたことがある．そこには「夢のように」サーバーがたくさん売れ，そのうえで顧客が B2C 顧客に対するサービスを展開するとある．その会社は B2B のための決算，流通システムのパッケージを構築運用する予定で，ヘルスケアもやると書いてあった．

彼らは，クラウドという呪文を唱えると，ラックにストレージを

山ほど積み込んだ，でっかいサーバーが売れるのだと思っていたかもしれない．私は「御社にはLinuxカーネルやデバイスドライバを書ける技術者が何人いますか？　確かcontributorsとかで御社の名前見たことないなぁ」「…」「それでは無理でしょう」と答えたことがあった．

5.3.3　本来クラウドは地理的に分散する必要はない．

クラウドと称するサーバーは彼らの考える規模のサーバーの台数とずいぶんスケールが異なる．19インチラック40Uとして，ほぼ「ショッピングセンターのイオンモール」1個分のデータセンターである．

NICT時代の2006年頃，GENESISというプロジェクトの拠点のあった北九州市AIMビルをデータセンターに転用するかどうかという議論をマジメにしたことがあった．

フロアを上げて床下を歩いてメンテナンスする，電源を二重化（といってもイオンモール1個分のサーバースペースである．電力量は覚えていないが変電所2個ということだったように思う）等々．結局，すんでのところで「止めましょう！」とストップさせた．

なぜなら，わが国でこのサーバーを必要とするサービスを実装するようなメーカーはないからである．特に千代田区大手町でも，ビル2本程度（NTTとKDDI大手町）で十分収まっている程度の需要で，それだけのマシンを必要とする事業（恐らく投資額は1000億円超と思われた）を展開できるメーカーがあるかと言えば，無理という結論になる．

5.3.4　クラウドはサーバーのハードウェアが売れる!?

その経験から，ハードウェアの莫大な投資をクラウドの提供（といっても単なるLinuxの仮想マシンの貸し出し業務）で回収できるほど世の中は甘くないと思った．北海道で頑張っているSakura

インターネット[3]があそこまでいくのに，どれほど苦労しただろうか？　それを，サーバーが売れてソフトが売れるからクラウドビジネスだ，というのは甘すぎる．

　もしそれでも事業化するのなら，必要条件はセキュリティをどう守るかである．そのためには，ホスト OS，ゲスト OS の Linux カーネルに監視用のワームを仕込むくらいのことができなければ無理だ．今はできなくても教えればできるとして「Linux のカーネルのデバイスドライバを書ける人は何人か？」と聞いたわけである．

　さらに，4 U で最大 300 コア，19 インチラック 1 本で 40 U，3000 コア．これが何千何万本，さらにハードディスクが…となったとき，どれくらいの頻度でハードディスクは壊れるだろうか．あるいは CPU が壊れるのだろうか．超大規模のクラウドを維持運営管理し，お客にサービスとして提供するためのノウハウは，一朝一夕のものではない．それなら Sakura を買ったほうが早い．

　クラウド環境を実現するには何万コア，何十万コアの並列化が必要だ．顧客ごとに何コア貸し出しというような単純なホスティングサービスとは異なる．提供する側が共通の作業基盤を独自に構築し，それぞれのモジュールの中味や特性をユーザに対して公開し，高度なサポートをしなければならない．そのために，提供するハードウェアの安定性はもちろんのこと，あらゆるネットワークトラブルに対処する高い技術力が必要である．特にネットワーク仮想化技術とセキュリティ技術は不可避である．内からも外からもユーザを守り切らなければ信用を勝ち取ることはできない．わが国でこの技術を持つ人はそれほどたくさんいないこと，それが特に大企業にはいないことを"業界人"は知っている．

---

[3]　わが国の商用インターネットが開始された 1996 年からインターネットサービスプロバイダ（ISP）活動しているインターネットサービスの老舗の一つ．2000 年代からサーバーをユーザに提供するホスティングサービスを開始した．

5.3.5　AWS の登場とこれから

このように，少なくとも今までの大企業たちの描いてきたクラウド＝サーバービジネスという考え方は無理筋である．「今回のクラウドもその程度の話で終わるのか…」と私が思い始めていた矢先，Amazon に行った安川健太氏が AWS というクラウドに関する記事を書き出した．ハッカソン[4]もやっている．これはこれまでのサーバー提供の話とはかなり違う．オールインワンで提供しようとしている．これはかなり面白い．学習型機械まである．Web の UI だけ作ってしまえば，裏側で自分たちの「装置」により情報処理して客に提供できる…．

サーバーに対するハードウェア投資を全くしなくても，とりあえず，スタートアップビジネスが始められる．コードを書くだけ…．セキュリティは？　もちろん Amazon が守っている．もしかすると，これまで資金力がなく初期投資ができずにいた中小企業も大企業との勝負が可能になるのではないだろうか．素晴らしい！

5.3.6　クラウド化は中小企業に有利にはたらく

このように，IT 業界はこれから大きなパラダイムシフトを迎える．特に，メーカーは莫大なランニングコストのかかるクラウドから撤退せざるを得ず，かといってハードウェア込みの一括発注を受けることができなくなる．高額のサーバーのハードウェア込みの受注でソフト開発の赤字を補てんしていた従来のビジネスモデルが崩れ，純粋にソフトウェアを内製比率高く構築できるかが，浮沈のカギを握る時代となる．

そこで重要なのは，①優秀な人材を新卒・中途で採用すること，②先端技術の吸収と教育，である．2015 年段階で中小ベンダーが AWS をはじめとするクラウドに開発の軸足を移しつつあるが，

---

[4]　ハッカーによるマラソンのような競技のこと．課題に対する答えとして時間内にプログラムを組み上げて発表する催し．

中・大規模メーカーは旧来のビジネスモデルに基づく会計基準で運営されているため，ハードウェア利鞘によるソフト損失補てんのモデルから脱却が遅れ，結果，この分野での開発案件は，当面外注に頼らざるを得なくなる．

これで，大企業よりもコーディング力があり小回りの利く中小企業や個人経営の小規模ベンダーが有利となる．ここで小が大を制する可能性も出てくる．大企業病に陥り技術教育もままならない中大規模のメーカーより，小回りの利く中小企業のほうが有利な状況が生まれるのではないだろうか．

5.3.7 あの時代を思い出せ！

インターネットの黎明期に，脱サラ，大学生などさまざまな人がインターネット技術（PPP と IP 接続，DNS など）を学び，中小規模の ISP が林立した．HTML をちょっと勉強し，CGI が少し組めるようになった若者は Web コンテンツを受注し納品する会社を開業した．

ユーザはその後，少しずつ大規模キャリアやメーカーに移っていった．彼らのビジネスにとってインターネット接続や Web サーバーは 24 時間 365 日のサービス品質が必要になり，リソース（ヒューマンリソースのみならず資金も）が十分で高品質の対応が期待できる"高価な"ベンダーにその関心は移行していった．

当初，いろいろな人が"ともかく"開業した企業たちは，技術力，リソース，サービス品質によって淘汰・統合を繰り返していった．その時代と同じことが，今回の AWS をはじめとする"クラウド"でも起こりつつあるのではないか．これからはクラウド環境での開発力を内製化し，ユーザの要求に応えることのできる多様性を作り得た中小規模のソフトベンダーが，小回りを生かして大企業と互角に渡り合える時代が来るだろう．

小規模ながらもそれぞれ確かな開発力を保持するベンチャー企業が得意分野を生かして協力し，大企業を凌駕するかもしれない．重

要なのは，資金力ではなく，新規性のある提案力，開発力であり，ブレークスルーを可能にする意思決定のスピードであろう．ここで紹介したいくつかの企業はベンチャーとしてスタートし，極めて短期間に急速に業績を伸ばしたのである．

5.4 大企業は滅びるのか？

大企業は今後，一度はナウシカの王蟲の大群，ラピュタのバルス！ テイタラボッチなどに焼き尽くされた後，再生するのではないかと思っている[5]．

また，大企業の社員はコードを書かない・書けない，内製化も実質上無理だ，と繰り返し書いてきたが，「いや，うちはそんなことはありませんよ」とおっしゃる社員の方，もちろん大歓迎である．大企業に SE として勤務する友人たちの会社では，コードが書けない人，システム構築ができない人は勤まらないと聞いている．あくまで本書の想定は最悪のシナリオであることをご理解いただきたい．

大企業と中小企業の大きな差は，事務処理作業能力の差である．ものづくりそのものは，中小企業と大企業は何ら変わらない．大企業のプロパー社員のコーディングやデバッグ能力は，中小企業の人たちに比べて"そうでもない"．しかし，中小企業で技術開発の中心を担っていたエンジニアが，何度も書いたように"やりすぎて"壊れたら，中堅のグループが引き抜きを受けたら，と彼らも小さいなりの悩みは尽きない．大企業には何はなくともリソースがある．一人や二人倒れたところで微動だにしないのである．大企業と中小企業の決定的な差はこのあたりにあると思う．営業力，事務処理能力そして資金力を含めた体力の差だろう．

---

[5] 本書ではスタジオジブリ制作のアニメーションである『天空の城ラピュタ』や，『紅の豚』主人公（ポルコ・ロッソ）のせりふ等をしばしば断りなく引用する．

だがしかし，である．資金力，リソース，すべての点で有利なはずの巨大企業が，どうしてこうも簡単に数年前創業した小さな企業たちに先を越され，存亡の危機を迎えるようなこと（SONY，東芝，Panasonic，SHARP など）になるのだろう？

「どんなに恐ろしい武器を持っても，たくさんのかわいそうなロボットを操っても，土から離れては生きられないのよ」
──「天空の城ラピュタ」より

王道はない．地に足をつけて，コーディング力，システム開発力を向上させていくしかないのである．大企業は中小企業からノウハウを吸収し，世界に通じる技術力をつけ直すべきだと思う．AWS，IoT などにおいて，わが国の大企業は組織が硬直化し，変化の速い技術開発では中小企業や海外企業の後塵を拝することになるかもしれないが，持ち前の体力で変貌するのではないだろうか．

かつて，ATM 交換機開発では NEC の ATOMIS シリーズに完全において行かれた感のあった日立製作所海老名工場で，1999 年当時，PC アーキテクチャで動作する GR2000 にネイティブ IPv6 プロトコルスタックである KAME を "そのまま載るから" と説得したことがある．見事に動作し，同機種は世界初のネイティブ IPv6 ルータとなった．その後，ASIC 化，NEC との合弁（アラクサラネットワークス）を組織するなど，大発展に結びついた．

同じように，NICT 時代，JGN での Band-Eater（伝送するために大きな帯域を必要とするアプリケーション）として我々次世代インターネットグループは非圧縮 D1（約 330 Mbps）伝送装置を TEC（東京エレクトロン）と開発，彼らはそれを Ruff と名づけた．このシステムは 1 セット 1 億円以上するようなものだったが，NAB で発表したところ全米の CATV ネットワークに採用され，45 セット以上一気に販売できたと聞いた．

このように，歯車がうまく回り出すように茂り出す瞬間があるのだと思う．中小企業にはこれを待つ体力はない．2000 年当時，

itojun がなりふり構わずに書いていた V6 のプロトコルスタック（KAME）を偶然採用しただけで，日立はインターネット技術に関するきっかけを残したのかもしれない．先日，日立製作所がネットワークハードウェア生産に関する事業を終了するとニュースで聞いた．役目が終わったのだろう．

彼らは売り上げ，アラクサラを作り，役目を終えた．彼らの組織にはインターネット技術，少なくともハードウェアメーカーとしてプロダクトを製造していたネットワーク技術のプロが残ったのである．これが基礎となって，クラウドでもセキュリティをビジネスにしていくのではないだろうか．では以下に，今後大企業が変革するために必要なこと，考慮・検討すべきことをまとめておこう．

① 膨大なヒューマンリソースこそ再生のカギ

何はなくとも人はたくさんいる．特に，彼らに求められるプロジェクトの大半は事務処理＝情報処理であり，第一線の SE より彼の伝票を処理している女性社員のほうが，よほど業務分析と改革には長けている．炎上したプロジェクトを神業のように細かく分析し，本質を見抜き，業務を整理し，一つひとつ丹念に検討する持久力と根気は男性にはない．一方でアルゴリズムやデータベースを見直したりするには専門知識が必要であり，この段階で情報工学の専門知識や各モジュールの仕様等テクニックに長けた技術者が介入する必要がある．大企業には両方のヒューマンリソースが潤沢に"眠って"いる．

② 開発組織の構造を変革せよ

大企業では，仕様策定から受注，発番，製造，品質検査，出荷とそれぞれの業務の専門家が検査し承認することによって納品が行われる．あたかもウォーターフォール型のシステム開発で行われることを想定しているかのようである．そのため，受注時仕様を最もよく知る担当者は，各段階の"専門家"の理解を得るために膨大な事

務作業を必要とする.

　企業に求められるのは「納期内に安く仕様を満たすこと」である. 乱暴な言い方をすれば, これらのプロセスは納品にとって冗長でしかない. このシステムはエンジニア個人でシステム開発を行わせるのではなく, 会社として"知る"ことに終始している. 社としての責任を取るための保険である. だが本当に必要だろうか. システム開発にアジャイルを採用するように, 組織もアジャイル的に作り変えてはどうだろうか.

　むしろ, 各プロジェクトを患者に見立て, "主治医"が必要な要件を満たしているか, "責任"をもって治療するような体制を作り上げることはできないだろうか. 主治医は患者を治すためにさまざまな専門家に相談できる, そのための専門家リソースは社内にたくさんいる. かつての大手通信メーカーの研究所には, このような"凄腕"が用心棒のように"飼われて"いたと聞く. 大きな研究所, 各分野のプロフェッショナルが健在だったころの話だ. これは目先を簡単に変更し改変した結果, 専門家の流出を許してきた彼らが今や払わねばならない代償かもしれないが, いったんは社外にこのようなリソースを求めてもいいのではないだろうか.

　「わからぬ. だがともに生きることはできる」

　　　　　　　　　　　　　　　　　　──「もののけ姫」より

③ コスト算定根拠は正しいか?

　いまだ, システム会社の受注姿勢として「規模の大きなシステムを受注する」というものがあるように思う. 規模とは受注額のことである. そうすれば, 関わる社員数や外注企業数が増え, 多くの人間を養うことが可能となるからである. この規模崇拝は, わが国経済をけん引してきた従来の企業姿勢だが, 果たして今日, システム業界がそれによっていてよいのだろうか. システムの見積もりに使われる工数の単位は「人月」であり, 過去の受注システムから得た

経験によってその人月を出すのが一般的である.

　現在のところ,パソコンの時代からの悪しき習慣である「ソースコードの行数が多いほど大きなシステム＝高いコストを要求できる」という考えも相変わらず根強い.程度にもよるが,人月がかかるほど,ステップ数が多ければ多いほど,客も「こんなにたくさんの人間を時間外も入れて動員した＝それだけ価値があるシステムとなった」と納得する.やればやるほどシステムの開発効率は下がり,コードの品質は悪くなる.「はじめに」で長野が指摘した「9の法則」のままに工数が増加する.人材・リソース・時間の負の連鎖である.

　つまり,全部のネストを展開し,ハッシュ計算ではなくパターンマッチを逐次に行うような行き当たりばったりのべた書きのソースコードが最も行数が大きいため,ソフトウェアとしての「価値」が高くなる.当初見積もった工数よりもトラブル対策で追加工数を必要としたら,客側は「やってもらった」と評価し,社側には「そこまでサービスした」という考え方が無いわけではない.

　また,蒲池が第4章で指摘したように,このようなシステム開発運営の妥当性とリソースの適正配分が実現できているかは,業務効率に影響し企業の業績に跳ね返る.さらに,品質の悪いコードによってデバッグ効率が下がる.納品しようとしたシステムの客先立ち合いで追加案件がたくさん指摘され,トラブル,炎上,さらなる人員の投入,メンバー数の増大によりプロジェクト内の情報共有がうまくいかず,さらにトラブルを呼んで,"炎上の連鎖"となる.遅まきながら社として課長が報告を受けるのは炎上した後のことである.そして協議の結果,納期は延びずにリソースを投入することとなる.

　「はじめに」で長野が紹介した「ブルックスの法則」[6]に従って十二分なリソースを投入できるほど一般企業に余裕などない.担当3

---

[6] フレデリック・P・ブルックス Jr. 著,滝沢徹,牧野祐子,富澤昇訳,『人月の神話』(新装版),丸善出版,2014.

名の作業能率を2倍にしたいなら，せいぜい2倍の6名を投入できればいいほうだろう．おそらく現実は，マネジメントクラスの1名を増やすのが関の山ではなかろうか．本来なら9名を投入しなければ理論上無理だと知っているマネージャはいるのだろうか．そもそもそれだけのリソースを投入できる余裕などわが国IT企業にないのではないか．とすれば，ロスを減らし，社員の疲弊を防止するためには，ここで「勇気ある撤退」も有効かもしれない．中途半端な人員投入によって社員の健康状態を損ね，数多くの病欠者を出すくらいならさっさと謝って撤退すべきなのである．

このような意識の変革がなければ，技術者たちはより合理的なルールベースで運営されている海外企業に"流出"してしまうだろう．

中川は2500人対象の産業医として何回もこのような"現象"を外から観察し，付き合い，残業を制限することで過重労働のリミッターとして接してきた．その経験から，蒲池氏に「IT産業にとって最も大切な資産は社員そのもの．社員がメンタルで休職したり，長時間の残業にさらされるような効率の悪いプロジェクト運営を行っている企業は技術が空洞化し，いずれ経営状況が悪化するリスクを内包している．これをIR情報として投資家に示していくことが必要なのではないか？」と迫り，とうとう一章分として書いてもらった．

このように，社員側の意識と技術改革，社側のプロジェクト運営の在り方に関する変革は待ったなしである．しかし，だれしも猫の首に鈴を付けることには消極的である．他に個人情報保護，セキュリティ，技術無き内製化が問題として認識されるのが破綻後でないことを祈念したい．

「島人ぬ宝」（しまんちゅぬたから）

——BEGIN

5.5 健全な経営は健康な体質と健全な環境がはぐくむ

　本書を執筆している 2016 年 3 月現在，一部企業について粉飾決算から上場廃止だどうだと，さまざまな報道がなされている．上層部の経営方針は，開発担当社員（ほとんどの社員と言っていいだろう）には関係ない．彼らは黙々と客先との仕事を片づけていることを経営陣は意識すべきだと思う．

　本章でこれまで取り上げてきているわが国のプロジェクト運営は，5.3 節で述べたように「ちょっと動機が不純」である．本来，最初に提案があり，プロトタイプがあり，投資をしてもらうために説明し，小口から育てるという姿勢で大半を打ち切り，次のフェーズで「スクリーニング」していく．膨大な化学物質から明日の抗がん剤を見つける NCI のやり方と同じである．これにも王道はないということを銘記すべきである．

　合衆国西海岸では，日単位で何百何千というさまざまな取り組みを行うベンチャーが公平に評価され投資を受け，新規技術を発表し続けている．成功と挫折，さらなる挑戦という自然の摂理にも似た合理的システムによって淘汰・選択されている．

　選択には前もって何らかのコンタクトをする場合もあるだろうが，もしファンドの責任者が「何らかの恣意的な便宜」を払ったことが発覚し損害が出た場合，通常の選択による投資の失敗とは桁違いの制裁が彼には加えられるだろう．これがフェアな運営を行うための社会のルールである．

　このようなフェアな選択と淘汰に，わが国の大企業はいくつ耐えることができるだろうか．中小企業とて恐らく最初は無理だろう．しかし，フェアなルールをクリアするために自らのアイデアを磨き，また挑戦する．毎四半期に「数字は？」と上部からのフォローが入るような近視眼ではなく，夢は大きく，今日は貧しく，笑いな

がら小さな成功を心から喜び，挑戦を続けることこそが"真のチャレンジ"ではないだろうか．

「その地におもむきくもりなき眼で物事を見定めるならあるいはその呪いを断つ道が見つかるかもしれぬ」

——「もののけ姫」より

大いなる楽観主義が未来を拓く原動力となることを信じる．

5・5　健全な経営は健康な体質と健全な環境がはぐくむ

おわりに

　当初この本は，IT業界を職業に選んだ若者の社会生活の準備や，健全な社会人としての心構えをまとめる，極めて現実的な参考書を目指していた．しかし，現場で心身ともに疲れ果てた技術者を守ろうとする医師の経験談から，若者だけでなく，本当に読んでもらいたいのは企業で労務管理，プロジェクト管理を束ねるトップクラスの役員や，顧客の要望を直接聞く営業の皆さんかもしれないと思い出した．

　さらに，IT技術者を対象にまとめた本書の内容が，実は技術者のみならず，広くサラリーマン一般にも通じると確信した．より一般化したタイトルにしようという議論もあったが，あえて特定分野をターゲットとしたのは，現場で日頃IT技術者の苦労を見る産業医が感じる臨場感を大切にしたかったからである．恐らく本書を読むと，まるで自分のまわりのあの人のことではないかと思い浮かべる読者も多いことだろう．我々の想いを形にしてくださった近代科学社の小山透社長と高山哲司氏には，ここで改めて感謝の言葉を捧げたい．

　世界的に社会変化のスピードは加速し，金融におけるマイナス金利のような想定外の事態によって，今この瞬間もあらゆる産業分野ですぐにでも必要な開発案件が進行している．技術者，中でも信頼できる高度な技術を持つ担当者には，すべてのしわ寄せがのしかかってくる．

　これを放置し，とにかく今をしのげば会社も組織も安泰だとしてしまうと大切な金の卵を喪失する事態を招きかねない．このことを組織のトップにはぜひとも知っていただき，無理無茶をさせない仕事の在り方を大切にしていただきたいものである．

そして，技術者本人には，健康を守るのは自分だけであるということを肝に銘じ自己管理をするように，これからの自分と家族の人生を健全で有意義なものとするためにもお願いしたい．

言うまでもなく，ソフトウェアエンジニアに求められるのは，純粋な「開発力」である．これを実現するために，我らが提案するIT技術者の長寿と健康のための「情報通信医学研究所 RinCOM 十箇条」を示して結びとしよう．

IT技術者の未来に幸あらんと祈らずにはいられない．

〈 RinCOM 十箇条 〉

1. 早く寝ること（ポルコ・ロッソも言ってましたよね）
2. おいしいご飯を食べること，食べすぎないこと
3. 自分の健康を維持するためにどんなことでもすること
4. 健康な精神は健康な身体に宿る，を実感すること
5. 自分の健康状態の変化に敏感であること
6. そのために同じペースで生活し，変化を検知しやすくすること
7. いい仲間を持つこと，いい職場で働くこと
8. 常に技術を吸収し，工夫を続けること
9. 自分の健康が侵されたと感じたら，躊躇なく環境あるいは職場を変えること
10. 常に歩き続けること

長野宏宣

おわりに

本書成立の経緯

長野は 1980 年代,「これは面白い」と某通信キャリアの社内ネットワークに, 何の実績もなかった Sun Micro Systems の BSD ベースの UNIX マシンを導入し, 社内ネットワークをすべて Internet 手順に置き換えることに成功した(そんな冒険もあったのだ!). 彼の社内マニュアルは後に「Sun システム管理」として刊行され, 当時医学部に在籍していた初学者の我々(中川, 八尾, 坂口)にとってインターネット技術のバイブルとなった.

その後, 中川はネットワークの研究者として, 郵政省通信総合研究所(旧 CRL, 現 NICT)でギガビットネットワーク, IPv6, Kbps から Gbps, インターネットコントロールカーなど先端技術の開発に携わった. このとき, 長野, 蒲池, 櫻田らと出会った.

時は巡り NICT を退職した中川は医学と情報の融合の夢を追い, 八尾, 坂口, 衣笠ら医師たち, 再会した長野, 蒲池らとともに情報通信医学研究所(RinCOM)を 2011 年に設立した.

そんなとき, 近代科学社の小山透氏から「IT 技術と医学」の書籍を, とお話をいただいた. 自らに言っているそれを世に問うことで良いか?と聞く我々に, 小山氏はうなずいてくれた.

医師たちはしばしば出会う IT 技術者たちの健康状態を憂いていた. 過労で倒れ, 無為に休職する彼らにである. 彼らには人生を生きぬいてもらいたい. こんなに心ときめく技術革新の只中で, 倒れるな, 生きろ!と. 本書は IT 技術者でもある我々の本音である.

ここで企業の価値を論じた蒲池は公認会計士. IT 産業の光明を加えてくれた長野は, 誰あろう創成期のあの冒険バイブルの作成を指揮した人物である.

このような経緯と仲間によって本書は生まれた.

執筆者略歴

長野 宏宣 (ながの ひろのぶ)

（担当：はじめに，**5.1 節**，おわりに）

1945 年熊本県出身．1970 年九州工業大学電子工学科卒．電電公社（現 NTT）入社，電気通信研究所データ通信研究部を経て，NTT 分割後，恐らく世界でも初めての事例とされる 5000 人が従事する通信ソフトウェア生産環境をインターネット技術により全国展開した．NTT コムウェア（株）取締役を最後に現役引退し，2011 年（一社）情報通信医学研究所設立に参画，同理事．趣味：ゴルフ，男声合唱等．

中川 晋一 (なかがわ しんいち)

（担当：**1 章**，**2.1 節**，**2.2 節**，**2.3 節**，**2.6 節**，**5 章**，コラム）

1961 年滋賀県出身．1988 年滋賀医科大学卒，1996 年京都大学博士 (医学)，2010 年東京工業大学博士 (学術)．ヴォーリズ記念病院内科医員，国立がんセンター研究所研究員，郵政省通信総合研究所次世代インターネットグループリーダー，（独）情報通信研究機構上席研究員などを経て，2011 年より（一社）情報通信医学研究所代表理事・所長，並びに都内 IT 企業の専属産業医として勤務．専門：情報通信医学，衛生学，内科学．趣味：写真，ゴルフ．

坂口 正芳 (さかぐち まさよし)

（担当：**2.3 節**）

1972 年大阪府出身．1998 年滋賀医科大学卒，2006 年滋賀医科大学博士 (医学)．第二岡本総合病院腎臓内科医師，滋賀医科大学腎臓内科医員などを経て，2011 年より（一社）情報通信医学研究所主幹研究員，2014 年より坂口クリニック院長（豊中市）．専門：内科学（糖尿病，腎臓），透析．趣味：紅茶，読書．

八尾 武憲 (やお たけのり)

（担当：**2.4 節**）

1974 年大阪府出身．2000 年滋賀医科大学卒，2005 年滋賀医科大学博士 (医学)．滋賀医科大学附属病院循環器内科医員，岡村記念病院循環器内科不整脈センター長を経て，2011 年より（一社）情報通信医学研究所主幹研究員（兼任）．現在は京都岡本記念病院循環器内科医長を主として，草津総合病院，国保日高総合病院等の非常勤医師を併任．不整脈専門医としてカテーテル治療，デバイス手術を積極的に行っている．専門：内科学（循環器内科，不整脈），医療情報学．趣味：水泳，スキー．

衣笠 愛子 (きぬがさ あいこ)

(担当：2.5 節)

京都府出身．1998 年滋賀医科大学卒．精神保健指定医，日本精神神経学会精神科専門医，日本医師会認定産業医．1998 年から京都府立医科大学附属病院精神科，北山病院（京都市）などでの研修を経て，佐野サナトリウム（神戸市），長谷川病院（三鷹市）などに勤務し，2011 年からは精神科臨床や産業保健などに幅広く携わっている．2011 年より（一社）情報通信医学研究所主幹研究員．趣味：歌，水泳．

櫻田 武嗣 (さくらだ たけし)

(担当：3 章)

1975 年秋田県出身．1998 年東京農工大学卒，2003 年同大学大学院博士後期課程修了．博士（工学）．郵政省 (総務省) 通信総合研究所研究員を経て，東京農工大学講師並びに慶應義塾大学大学院メディアデザイン研究科附属メディアデザイン研究所所員．2015 年より（一社）情報通信医学研究所理事．専門：ヒューマンインタフェース，情報システムの運用管理．趣味：電子工作，吹奏楽．

蒲池 孝一 (かまち こういち)

(担当：4 章，5 章)

1947 年愛知県出身．1970 年横浜国立大学経済学部卒．公認会計士・地方監査会計技能士・税理士．1970 年神戸製鋼所入社，建機統括部長，海外部長，企画部部長，コベルコシステム（株）営業企画部長，震災復興本部部長などを歴任．2000 年同社退社し「公認会計士蒲池孝一事務所」開所．その後（株）フェアウェイソリューション専務取締役，（独）情報通信研究機構特別研究員など歴任．現在日本ラッド株式会社社外監査役，システム監査学会会計システム専門監査人，経営管理学会会員．内部統制監査，システムレビュー，公会計支援業務，事業再生支援業務等に従事．2011 年より（一社）情報通信医学研究所理事．趣味：iPhone アプリ開発．

穴山 朝子 (あなやま あさこ)

(担当：編集)

福岡県出身．1991 年お茶の水女子大学文教育学部卒，2006 年お茶の水女子大学博士（人文科学）．同大大学院助手，ドイツ・レーゲンスブルク大学客員研究員，国立高専機構津山工業高等専門学校講師を経て，2014 年より（一社）情報通信医学研究所主幹研究員．横浜国立大学，放送大学でも教鞭をとる他，公益社団法人日本アマチュアオーケストラ連盟理事．専門：ドイツ近現代史，文化政策学，アーツマネージメント．趣味：オーケストラ演奏．

IT 技術者の長寿と健康のために

© 2016 Hironobu Nagano, Shinichi Nakagawa, Koichi Kamachi,
　　　　Takeshi Sakurada, Masayoshi Sakaguchi, Takenori Yao,
　　　　Aiko Kinugasa, Asako Anayama

Printed in Japan

2016 年 6 月 30 日　初版第 1 刷発行

編　者　一般社団法人 情報通信医学研究所
編著者　長野宏宣・中川晋一・蒲池孝一・櫻田武嗣
　　　　坂口正芳・八尾武憲・衣笠愛子・穴山朝子
発行者　小山 透
発行所　株式会社 近代科学社
　　　　〒162-0843　東京都新宿区市谷田町 2-7-15
　　　　電話 03-3260-6161　振替 00160-5-7625
　　　　http://www.kindaikagaku.co.jp

大日本法令印刷　　ISBN978-4-7649-0513-9
定価はカバーに表示してあります.

近代科学社の人工知能関連書

人工知能とは
監修：人工知能学会
編著：松尾 豊
共著：中島 秀之、西田 豊明、溝口 理一郎、長尾 真、堀 浩一、浅田 稔
　　　松原 仁、武田 英明、池上 高志、山口 高平、山川 宏、栗原 聡
A5 判・264 頁・定価 2,400 円 + 税

深層学習 Deep Learning
監修：人工知能学会
編集：神嶌 敏弘
共著：麻生 英樹、安田 宗樹、前田 新一、岡野原 大輔
　　　岡谷 貴之、久保 陽太郎、ボレガラ ダヌシカ
A5 判・288 頁・定価 3,500 円 + 税

一人称研究のすすめ ―知能研究の新しい潮流―
監修：人工知能学会
編著：諏訪 正樹、堀 浩一
共著：伊藤 毅志、松原 仁、阿部 明典、大武 美保子
　　　松尾 豊、藤井 晴行、中島 秀之
A5 判・264 頁・定価 2,700 円 + 税

知能の物語
著者：中島 秀之
公立はこだて未来大学出版会 発行
B5 変型判・272 頁・定価 2,700 円 + 税

新 人工知能の基礎知識
著者：太原 育夫
B5 判・300 頁・2,800 円 + 税

近代科学社の HCDライブラリー

HCDの本質がわかる!!

HCDライブラリー 第0巻
人間中心設計入門

編者:黒須正明、山崎和彦、松原幸行
　　　八木大彦、竹内公啓
著者:山崎和彦、松原幸行、竹内公啓
B5変型判・192頁・定価2,500円+税

HCDライブラリー 第1巻
人間中心設計の基礎

編者:黒須正明、松原幸行
　　　八木大彦、山崎和彦
著者:黒須正明
B5変型判・296頁・定価3,800円+税

HCDライブラリー 第2巻
人間中心設計の海外事例

編者:黒須正明、松原幸行、八木大彦、山崎和彦
著者:キャロル・ライヒ、ジャニス・ジェームズ
訳者:HCDライブラリー委員会
B5変型判・192頁・定価3,200円+税

HCDライブラリー 第3巻
人間中心設計の国内事例

編者:黒須正明、松原幸行
　　　八木大彦、山崎和彦
著者:HCDライブラリー委員会
B5変型判・248頁・定価3,500円+税

近代科学社の バイオ統計シリーズ

バイオ統計シリーズ　全6巻

[シリーズ編集委員]
柳川 堯・赤澤 宏平・折笠 秀樹・角間 辰之

1 | ## バイオ統計の基礎
　 | ― 医薬統計入門 ―
　 | 著者：柳川 堯・荒木 由布子
　 | A5 判・276 頁・定価 3,200 円 + 税

2 | ## 臨床試験のデザインと解析
　 | ― 薬剤開発のためのバイオ統計 ―
　 | 著者：角間 辰之・服部 聡
　 | A5 判・208 頁・定価 4,000 円 + 税

3 | ## サバイバルデータの解析
　 | ― 生存時間とイベントヒストリデータ ―
　 | 著者：赤澤 宏平・柳川 堯
　 | A5 判・188 頁・定価 4,000 円 + 税

4 | ## 医療・臨床データチュートリアル
　 | ― 医療・臨床データの解析事例集 ―
　 | 著者：柳川 堯
　 | A5 判・200 頁・定価 3,200 円 + 税

5 | ## 観察データの多変量解析
　 | ―疫学データの因果分析―
　 | 著者：柳川 堯
　 | A5 判・244 頁・定価 3,600 円 + 税

6 | ## ゲノム創薬のためのバイオ統計
　 | ― 遺伝子情報解析の基礎と臨床応用 ―
　 | 著者：舘田 英典・服部 聡
　 | A5 判・224 頁・定価 3,600 円 + 税